MAX GUNTHER
COMO TER SORTE

MAX GUNTHER
COMO TER SORTE

Tradução
Adriana Ceschin Rieche

2ª edição

best.business

Rio de Janeiro | 2022

CIP-BRASIL. CATALOGAÇÃO NA FONTE
SINDICATO NACIONAL DOS EDITORES DE LIVROS, RJ

Gunther, Max, 1927-

G985m Como ter sorte / Max Gunther; tradução: Adriana Ceschin
2ª ed. Rieche. – 2ª ed. – Rio de Janeiro: Best Business, 2022.

Tradução de: How to get lucky
ISBN 978-85-7684-580-5

1. Sucesso. 2. Sorte. I. Título.

12-4352.

CDD: 158.1
CDU: 159.947

Texto revisado segundo o novo Acordo Ortográfico da Língua Portuguesa.

Título original inglês
HOW TO GET LUCKY
Copyright © 1986 Max Gunther
Copyright da tradução © 2012 by Editora Best Seller Ltda.

Publicado em 2010 no Reino Unido pela Harriman House Ltd.
www.harriman-house.com

Capa: Igor Campos
Editoração eletrônica: Ilustrarte Design

Todos os direitos reservados. Proibida a reprodução,
no todo ou em parte, sem autorização prévia por escrito da editora,
sejam quais forem os meios empregados.

Direitos exclusivos de publicação em língua portuguesa para o Brasil
adquiridos pela
EDITORA BEST BUSINESS um selo da EDITORA BEST SELLER LTDA.
Rua Argentina, 171, parte, São Cristóvão
Rio de Janeiro, RJ – 20921-380
que se reserva a propriedade literária desta tradução

Impresso no Brasil

ISBN 978-85-7684-580-5

Seja um leitor preferencial Record.
Cadastre-se em www.record.com.br e receba informações
sobre nossos lançamentos e nossas promoções.

Atendimento e venda direta ao leitor
sac@record.com.br

Sumário

Nota da editora original   7

Parte I — O fator de comando   9
O insulto supremo   11
O fator que ninguém menciona   15

Parte II — As técnicas para o posicionamento de sorte   21
A Primeira Técnica: Faça a distinção entre sorte e planejamento   24
A Segunda Técnica: Encontre o caminho rápido   42
A Terceira Técnica: Procure avaliar os riscos   56
A Quarta Técnica: Saiba a hora de parar   78
A Quinta Técnica: Escolha a sorte   87
A Sexta Técnica: Siga o caminho tortuoso   96
A Sétima Técnica: Sobrenaturalismo construtivo   104
A Oitava Técnica: Faça a análise do pior caso   114
A Nona Técnica: Mantenha a boca fechada   123
A Décima Técnica: Saiba reconhecer uma "não lição"   138
A Décima Primeira Técnica: Aceite um universo injusto   145
A Décima Segunda Técnica: Aprenda a ser malabarista   157
A Décima Terceira Técnica: Encontre seu par perfeito   170

Como ter sorte: Coloque em prática as 13 técnicas   181

Nota da editora original

COMO TER SORTE FOI publicado originalmente em 1986 e é um dos livros de Max Gunther que exaltam, segundo o autor, o conceito de viver com sorte. Seu primeiro título nessa área, *O fator sorte*, tentou explicar por que algumas pessoas podem ser mais sortudas do que outras, e esse novo título sugere medidas que você pode tentar pôr em prática a fim de melhorar a sorte. As técnicas em si podem ter alguns nomes estranhos e mirabolantes, mas reproduzimos deliberadamente este clássico perdido em sua forma original, sem alterações, na esperança de levar um pouco de sorte para sua vida.

Harriman House, 2010

Parte I

O fator de comando

O insulto supremo

WILLIAM S. HOFFMAN ERA um apostador, mas nunca teve sucesso. Ele escreveu um livro sobre sua vida intitulado *The Loser* (*O perdedor*). Tentando entender os motivos pelos quais nunca conseguiu vencer, Hoffman chegou a uma conclusão muito interessante: ele fracassou porque tentou negar o papel da sorte em sua vida.

Ele aprendera essa atitude improdutiva e perigosa com o pai, um treinador esportivo. O pai de Hoffman gostava de estimular as equipes que treinava com pronunciamentos exagerados derivados do princípio do valor do trabalho. Uma de suas frases favoritas era: "Se você for bom, não precisa de sorte."

Que bobagem.

É claro que você precisa de sorte. Por melhor jogador de futebol que seja, se você tiver o azar de tropeçar em alguém e torcer o tornozelo na véspera do grande jogo, de nada servirão destreza e habilidade ímpares. Todas aquelas horas de prática, todo o admirável esforço e a determinação — tudo irá pelo ralo. O treinador pode repetir uma ladainha de aforismos sobre o valor do trabalho até deixar você louco, mas ele não pode mudar os fatos.

Não basta ser bom. Você precisa ter sorte também.

O jovem Hoffman, o apostador, evidentemente levou ao pé da letra o mau conselho do pai. Ele achou que poderia se tornar um apostador de sucesso por meio de empenho e dedicação. Tudo o que tinha de fazer era aplicar-se no estudo assíduo de cavalos, cartas ou dados. "Se você for bom, não precisa de sorte." Tendo se tornado bom, ele imaginou que conseguiria conquistar o mundo.

Foi o que ele pensou. As coisas não funcionaram como planejado. A má sorte o atingiu. Ele não estava preparado para lidar com isso. E perdeu tudo.

É *preciso* ter boa sorte. Sem ela, nada vai funcionar direito para você. A sorte é o componente básico essencial do sucesso, não importa qual seja sua definição pessoal de "sucesso".

O que você quer da vida? Ser rico? Famoso? Respeitado profissionalmente? Ter um casamento feliz? Ser amado? Quaisquer que sejam seus objetivos, você já os alcançou? Você provavelmente não estaria lendo este livro se sua resposta fosse positiva.

Quase todos nós teríamos de responder que não, nós ainda não alcançamos nossos objetivos. E por que não? Aplique a pergunta a sua própria vida. O que o impediu de chegar aonde você quer? Será que você não é bom o suficiente? Ou simplesmente não teve sorte?

A segunda resposta — faltou sorte — é, de longe, a que tem mais chance de ser verdadeira. Quase todas as pessoas são "boas" de um modo ou outro — boas o suficiente, muitas vezes, para alcançar os objetivos traçados. Em grande parte, não conseguimos atingir essas metas devido à falta de sorte.

Existem inúmeras maneiras de demonstrar essa verdade para si mesmo. Isso ficou muito claro para mim recentemente, quando, por acaso, fui assistir a uma série de peças realizadas por grupos de teatro amador em minha cidade natal. Muitos dos membros dos grupos me contaram que sonhavam em atuar profissionalmente, mas ainda estavam esperando a grande chance — ou tinham desistido de esperar. Eu me perguntava por que a grande chance nunca cruzara o caminho deles. Falta de talento? Na maioria dos casos, com certeza não. Esses homens e mulheres eram pelo menos tão bons quanto as estrelas que vemos toda semana na TV ou no cinema. Qual era a diferença, então? Por que as estrelas chegaram ao auge do sucesso, enquanto milhares de outros atores e outras atrizes, igualmente bons, nunca foram capazes de alçar voos mais altos, limitando-se a apresentações em sua cidade natal?

Existe apenas uma resposta: a sorte. Estar no lugar certo na hora certa. Conhecer alguém que conhece alguém.

Ser bom simplesmente não é suficiente.

***

Sorte. Ela entra e sai de nossas vidas, de forma espontânea, inesperada, às vezes bem-vinda, às vezes não. Ela desempenha um papel em tudo que fazemos — muitas vezes, o papel principal. Por mais cuidado que você tenha ao planejar sua vida, não dá para saber como esse plano será alterado pela ação de eventos aleatórios. Você só sabe que os eventos vão acontecer. Você só pode esperar por eles e torcer para que sejam em seu favor.

A sorte é o insulto supremo à razão humana. Você não pode ignorá-la, mas não pode se planejar para ela. Os mais meticulosos e grandiosos projetos humanos irão fracassar se forem atingidos pela má sorte, mas o mais idiota dos empreendimentos terá sucesso com boa sorte. O azar está sempre atingindo boas pessoas que não o merecem, enquanto muitos canalhas morrem ricos e felizes. Sempre que achamos que temos algumas respostas, a sorte está lá para zombar de nós.

Será que existe sentido nisso tudo? Alguma coisa sensata a ser dita? Alguma coisa útil a ser feita?

Surpreendentemente, sim. Provavelmente mais do que você pensa.

Você não pode controlar sua sorte de forma precisa. Não dá para dizer: "Quero que a próxima carta que eu tire seja a rainha de ouros", e ter qualquer expectativa razoável de sucesso. A sorte não é passível de ajuste fino desse tipo. Ter esperança de alcançar esse tipo de controle é sonhar com magia. Isso não acontece.

Contudo, é possível alcançar uma melhoria substancial e até mesmo surpreendente na qualidade de sua sorte. A sorte pode ser transformada, revertida a seu favor. Sempre que precisar de sorte, e for buscá-la — seja nos investimentos, no jogo, na carreira, no amor, nas amizades —, você pode aumentar suas chances de se tornar um dos vencedores na vida.

Eu sei que isso é verdade porque vi acontecer. Os preceitos para mudar a sorte que você está prestes a estudar — as 13 técnicas para o posicionamento da sorte — não são apenas dicas teóricas sem relação com a realidade. Essas técnicas não foram inventadas por um psiquiatra barbudo fechado em seu consultório, fumando cachimbo. Em vez disso, derivam de observações diretas de vidas de homens e mulheres de verdade.

Pessoas com e sem sorte: quais são as diferenças entre elas? O que os sortudos sabem e fazem que os azarados ignoram? Será que essas pessoas têm sorte porque encontram maneiras especiais de lidar com a vida, ou porque... bem, simplesmente porque são sortudas?

Eu venho procurando essas respostas há mais de vinte anos.

O fator que ninguém menciona

É MELHOR DEFINIRMOS NOSSO termo principal antes de prosseguir. Desta forma:

Sorte (substantivo feminino): acontecimentos que influenciam sua vida, mas que não foram criados por você.

Tais acontecimentos — a boa e a má sorte — são as principais forças da vida humana. Se você acredita que tem perfeito controle sobre sua vida, está se iludindo.

Você deve a própria existência a um acontecimento casual ocorrido antes de seu nascimento: a união entre sua mãe e seu pai. Como eles se conheceram? Quase sempre, você vai descobrir que foi por acaso. Devido a esse evento aleatório, você está vivo hoje. A combinação aleatória de cromossomos determinou suas características básicas, como sexo, altura, cor da pele e dos olhos, formato do nariz, predisposição para certas doenças e uma série de outros fatores sobre os quais você não detinha controle algum; fatores que já influenciaram muito sua vida e continuarão a fazê-lo até o fim dela.

Outros eventos de sorte e azar ocorreram, ou ocorrerão, durante sua vida. Eventos como ganhar US$ 1 milhão na loteria; morrer em um acidente aéreo; conseguir uma oportunidade profissional de ouro por meio de alguém que você conheceu em uma festa; ter câncer; conhecer o amor de sua vida por causa de uma confusão com os assentos no teatro; perder tudo no colapso da Bolsa de

Valores. Eventos dessa natureza podem afetar profundamente sua vida, mas não são criados por você; e todos eles, portanto, se enquadram em nossa definição de "sorte".

A sorte é um dos elementos mais importantes na vida. De fato, para muitos, é inequivocamente *o* elemento mais importante. No entanto, estranhamente, as pessoas não falam muito sobre isso. Na verdade, a maioria é como William Hoffman, o apostador, e seu pai, o treinador: reluta em reconhecer a enorme influência da sorte na vida.

Será útil analisar um pouco melhor essa relutância. É preciso tirá-la do caminho antes que você possa iniciar o processo de mudar sua sorte.

***

Por que as pessoas negam o papel da sorte? Por um lado, odiamos pensar que estamos à mercê de acontecimentos aleatórios. Preferimos ficar confortavelmente envoltos na ilusão de que controlamos nosso próprio destino.

A vida parece mais segura quando posso dizer a mim mesmo: "O futuro será como eu o planejei." Claro que não. No fundo, todos sabemos que não será. Porém, a verdade é assustadora demais sem uma ilusão para nos consolar.

Outra razão pela qual preferimos não discutir o papel da sorte é que ela nos diminui e rouba nossa dignidade. Vá até a biblioteca perto de sua casa e pegue a autobiografia de qualquer estrela de teatro ou cinema. Como esse artista alcançou tanto sucesso? Ora, por ser inteligente, talentoso, corajoso e decidido, é claro.

E quanto à sorte? Provavelmente, essa palavra não será mencionada.

O que o artista não enfatiza é que ele começou a longa ascensão ao estrelato competindo com milhares de outros jovens talentos igualmente inteligentes e esperançosos. Nós não sabemos seus nomes hoje, porque essas pessoas não tiveram sua grande chance.

De todos os merecedores aspirantes, apenas um teve a sorte de trabalhar na lanchonete em que um grande produtor entrou e fez um pedido.

Embora seja geralmente óbvio para qualquer leitor astuto que o sucesso do artista foi em grande parte resultado de pura sorte, a estrela, naturalmente, não leva isso em conta. Dificilmente você vai encontrar uma autobiografia cinematográfica que diga: "Na verdade, não sou tão especial assim. Eu não sou mais bonito, talentoso ou determinado do que os outros concorrentes cujos nomes não sei. De fato, muitos deles ficariam melhor na tela do cinema do que eu." A única coisa que eles não tiveram foi sorte. Tal confissão diminuiria a luminosidade da estrela.

A relutância em falar sobre esse assunto não está confinada ao mundo do teatro, é claro. Todas as pessoas bem-sucedidas evitam diminuir seu valor dessa forma. Os empresários explicam como eles chegaram até o topo da hierarquia, para ocupar o cargo de presidente do conselho de administração. Oficiais militares o fazem lembrando como venceram grandes batalhas. Os políticos o fazem enumerando tudo que deu certo durante sua administração. A sorte, se mencionada, nunca é enfatizada.

Você nunca verá um presidente dos Estados Unidos na frente de uma câmera de TV dizer: "Bem, pessoal, ninguém tem a menor ideia de como isso aconteceu, mas durante minha administração na Casa Branca, nenhuma guerra foi declarada e a taxa de desemprego caiu. Sou um dos presidentes mais sortudos de todos os tempos!"

Da mesma forma, você nunca vai ouvir um especulador do mercado de ações admitir que sua grande jogada, aquela que o tornou milionário, foi resultado de pura sorte. Depois do ocorrido, ele vai construir uma cadeia de raciocínio para demonstrar como sua astúcia resolveu o problema.

***

Outras razões para negar o papel da sorte estão incorporadas em obtusos ângulos da ética do trabalho, também conhecida como a ética protestante ou puritana. Aprendemos desde o jardim de infância que devemos subir na vida por meio de muito trabalho, perseverança, coragem e todas essas qualidades de fibra. Se, em vez disso, nós o fazemos por causa da sorte, temos vergonha de admitir o fato em público — ou mesmo de admiti-lo para nós mesmos.

Por outro lado, se formos golpeados pela má sorte, nossa herança puritana nos encoraja a pensar que somos os únicos culpados. Supostamente somos responsáveis por nossos próprios resultados, sejam eles bons ou ruins.

"O caráter de um homem faz seu destino", escreveu Heráclito aproximadamente 2.500 anos atrás. Inúmeras grandes obras teatrais, romances, filmes e seriados de TV, desde então, vêm tentando provar esse ponto. Ainda não conseguiram porque é impossível prová-lo. O melhor que você pode dizer é que, em alguns casos, essa é uma meia verdade. Se eu fui azarado o suficiente para ser morto por um motorista bêbado em uma rodovia, meu destino nada teve a ver com meu caráter. Eu poderia ter sido santo ou pecador, um grande filósofo ou um idiota desastrado. Nada disso importa. Meu destino se cumpriu. Estou morto.

Apesar da óbvia fragilidade, o aforismo de Heráclito sobrevive, profundamente enraizado em nossa consciência cultural. Se as coisas dão errado em sua vida, você não deve culpar a má sorte. Em vez disso, deve procurar as razões dentro de si mesmo.

Essas razões dentro de você podem ser muito difíceis de encontrar. Vamos dizer que você está desempregado. Por quê? Porque a empresa na qual você trabalhava faliu. A falência não é culpa sua de forma alguma; foi apenas azar. Contudo, se você a apresenta como razão para seu desemprego, as pessoas murmuram pelas suas costas que você está apenas se lamentando ou arranjando desculpas. Elas vão suspeitar que a verdadeira razão para seu desemprego é uma falha pessoal.

Ou talvez sua busca por emprego tenha sido frustrada por preconceito baseado em raça, origem étnica ou idade. Isso também não é sua culpa, é apenas mais um pouco de azar. Entretanto, se você diz que é isso, pouquíssimos acreditarão em você.

Estamos culturalmente condicionados a negar o papel da sorte. A busca por essas razões ilusórias dentro de nós mesmos até atrapalha nossa compreensão da literatura. Todas as crianças americanas e europeias (e, pelo que sei, as russas e chinesas também) aprendem a teoria da "culpa trágica" da grande literatura que lhes é imposta na escola ou faculdade. Essa teoria afirma que nas tragédias de Shakespeare, ou nos romances de Dostoievski, ou nos poemas épicos de Homero, os heróis e as heroínas sempre atraem problemas devido a alguma falha de caráter. Os professores insistem que é assim, e muitas gerações de estudantes receberam a mesma opção: concordar ou tirar zero na matéria.

O fato é, no entanto, que você tem de procurar muito até encontrar essa "culpa trágica" que supostamente está por trás dos acontecimentos ruins. Não há bons indícios de que Homero ou Shakespeare, por exemplo, seguiram essa teoria sem sentido. Na *Ilíada*, muito do que acontece é provocado por manipulações dos deuses — em outras palavras, por boa e má sorte, sobre as quais os personagens humanos não têm controle. As tragédias de Shakespeare são semelhantes. *Hamlet* abre com o herói metido em confusão devido a eventos que nada tinham a ver com ele. Termina com quase todos os personagens mortos por engano — uma imprevisível sucessão de erros sangrentos. Essa não é uma peça sobre a culpa trágica. É uma peça sobre a falta de sorte.

Por que os professores de literatura negam isso? Uma boa resposta foi oferecida recentemente por Phyllis Rose, uma professora de língua inglesa na Wesleyan University e crítica da noção de "culpa trágica". Os estudantes aprendem que a falha de caráter é um ingrediente necessário da tragédia, escreveu a Professora Rose no *New York Times*: "Se determinado herói ou heroína não tivesse falhas, não seria trágico porque não 'significaria' nada. Seria simplesmente má sorte."

E acrescenta, ironicamente: "Não deve ser nada fácil convencer os estudantes de que a má sorte não é trágica." No entanto, é isso que é ensinado, e a maioria parece acreditar na ideia. E agora, revelamos outra razão pela qual o papel da sorte na experiência humana é tão persistentemente negado. A sorte não é "significativa" o suficiente. Desejamos que nossa vida tenha sentido. Reconhecer o papel da sorte acaba com metade de seu sentido.

Se eu faço algo de errado e chego a um final trágico como resultado direto de minha própria maldade ou fraqueza, supostamente o episódio ensina algum tipo de lição para mim e para os outros. Porém, se estou em paz andando pela rua e sou atropelado por um caminhão, ninguém aprende nada.

A vida é assim na maioria das vezes: completamente aleatória e sem sentido. Não são apenas os professores universitários de literatura que se sentem desconfortáveis com isso, mas todos nós. Entretanto, é um fato que você precisa encarar se quiser fazer algo para mudar sua sorte.

O primeiro passo para melhorar a sorte é reconhecer que ela existe. Isso nos leva à Primeira Técnica para o posicionamento de sorte.

Parte II

As técnicas para o posicionamento de sorte

QUAIS SÃO AS DIFERENÇAS entre as pessoas com e sem sorte? Será que existem *motivos* pelos quais certos indivíduos parecem ter todas as boas chances, enquanto outros só conseguem algumas ou nenhuma sequer?

As respostas vêm de estudos com mais de mil adultos. Parece que as pessoas de sorte, caracteristicamente, organizam suas vidas de tal forma que estão em *posição* de experimentar a boa sorte e evitar a má. Existem 13 principais maneiras com que os sortudos fazem isso. Nem todos praticam as técnicas de forma consciente, e pouquíssimos colocam todas em prática. Na maioria dos casos, são seis ou oito técnicas em ação. Porém, geralmente é o suficiente. Se você analisar a vida dos azarados, em contraste, talvez encontre duas ou três das técnicas em uso sem grande entusiasmo, mas é provável que não encontre nenhuma delas presente.

Se quiser melhorar a sorte, estude as 13 técnicas com cuidado. Talvez nem todas as técnicas possam ser aplicadas imediatamente em seu caso específico, mas você vai verificar, sem dúvida, que algumas delas podem ser aplicadas logo. Outras podem ficar de reserva para o futuro.

Sua vida está prestes a mudar drasticamente. Aproveite.

A Primeira Técnica
Faça a distinção entre sorte e planejamento

PAULA WELLMAN É UMA crupiê experiente na roleta e no jogo vinte e um. Ela já trabalhou em vários cassinos em Las Vegas e Atlantic City. De vez em quando, também faz as próprias apostas. Ela gosta de pôquer. Porém, acima de tudo, Wellman afirma que gosta de ver os outros jogarem.

"Eu tento descobrir o que faz um vencedor ou perdedor", diz ela. "Algumas pessoas se saem muito melhor do que a média a longo prazo e algumas se saem muito pior. O que faz a diferença? Eu costumava pensar que não era nada — quero dizer, não havia explicações que fizessem sentido; era só uma questão de sorte. Entretanto, depois de analisar tantos vencedores e perdedores ao longo dos anos, comecei a identificar algumas diferenças de personalidade."

Quais diferenças?

"Eis uma característica gritante: quando um perdedor perde, é porque teve má sorte. Quando ganha, é porque foi inteligente."

Chegamos à primeira grande verdade sobre como controlar a sorte. Se você quiser ser um vencedor, precisa ficar ciente do papel que a sorte desempenha em sua vida. Quando um resultado desejado é concretizado por sorte, é preciso reconhecer esse fato. Não tente se convencer de que o resultado foi alcançado porque você era inteligente. *Nunca* confunda sorte com planejamento. Se fizer isso, certamente vai garantir que sua sorte, a longo prazo, será ruim.

Paula Wellman conta uma história para ilustrar a verdade.

[Ressalto que este não é um livro sobre jogos de cassino. É sobre a sorte em todas as áreas da vida humana. No entanto, jogos de azar serão mencionados nesta obra muitas vezes, e a razão é esta: em todo cassino, as verdades sobre a sorte são ilustradas de forma particularmente gritante e clara. Pela mesma razão, você também vai descobrir que o livro contém muitas histórias sobre o mercado de ações e outros grandes cassinos onde as pessoas lidam diariamente com a essência destilada de sorte. O livro tornará você um melhor apostador de cassino ou operador no mercado de ações, se você o desejar, mas este não é seu propósito específico. *Como ter sorte* foi concebido para que você tenha mais sorte em *qualquer* área em que ela seja necessária. As histórias de Atlantic City e de Wall Street são citadas apenas porque ilustram pontos importantes com extraordinária clareza.]

A história de Paula Wellman trata de uma mulher que foi até Atlantic City para jogar na roleta. Ela, professora do ensino médio, com cerca de 40 anos de idade, divorciada e remediada, pensou que poderia complementar seu salário de professora apostando na roleta. Ela desenvolvera um *sistema*.

A ideia de um sistema infalível para bater a roleta assombra os apostadores há séculos. René Descartes concebeu um sistema no século XVII e aplicou-o a jogos semelhantes à roleta que eram populares naquele tempo em Paris e Amsterdã. Ele era cético demais para levar o sistema a sério, e rapidamente o abandonou quando viu que não era confiável. Todavia, milhares de outros jogadores menos espertos — milhões, talvez — depositaram suas esperanças em sistemas de vários tipos; e a maioria deles, a longo prazo, se arrependeu.

Se fosse possível conceber um sistema realmente capaz de vencer a roleta, tenha certeza de que os cassinos do mundo já saberiam disso há muito tempo e teriam mudado as regras do jogo de modo a torná-lo inoperável. Os cassinos incentivam o mito de que tais sistemas são possíveis, porque isso atrai os otários e seu dinheiro. As pessoas acreditam no que querem. Se você acredita que pode superar a roleta, poderá comprar todo tipo de "fórmula secreta" e acreditar em outros conselhos semelhantes nas ruas e nos bares de qualquer cidade de apostas.

Alguns sistemas de roleta baseiam-se em fenômenos ocultos: números da sorte, forças astrológicas e assim por diante. Alguns dependem de regras com ares científicos, como, por exemplo, "a ponderação das chances", segundo a qual você supostamente consegue obter informações prévias sobre a ordem em que os números aleatórios serão distribuídos. A professora amiga de Paula Wellman rejeitou ambas as abordagens, considerando-as falsas. Ela possuía algo melhor. Ou assim pensava.

Ela, na verdade, tinha um sistema que determinava quando e quanto devia apostar. Ela achava que tinha inventado esse sistema. O fato é que, os sistemas de apostas na roleta (também aplicáveis a uma série de outros jogos de azar) já existem desde a época de Descartes. Eles têm nomes românticos como Martingale e D'Alembert. Embora os detalhes variem, todos eles se baseiam essencialmente na ideia de aumentar o tamanho de suas apostas, de modo a recuperar as perdas anteriores. Assim, se você estiver devendo US$ 10, pode apostar o suficiente para que uma vitória, se ocorrer, traga de volta seus US$ 10 mais o montante da nova aposta. Se perder novamente, você poderá apostar um montante ainda maior da próxima vez. E assim por diante, com variações.

Infalível, certo? Sim, parece. O Martingale e o D'Alembert e seus muitos primos parecem sedutoramente lógicos quando você ouve falar deles ou os reinventa. Você pode zombar de astrologia, e seu bom e velho ceticismo natural pode fazer com que você desconfie das noções pseudocientíficas sobre a ponderação das chances, mas um constructo como o sistema de apostas de Martingale pode parecer confiável e sensato.

Assim foi com a professora amiga de Paula Wellman. O próprio fato de que ela rejeitava astrologia e outras ideias não científicas deu-lhe um tipo especial de autoconfiança. "Obviamente, não sou boba nem ingênua", ela dizia com satisfação. "Tenho cérebro e costumo usá-lo. Não aceito qualquer coisa."

Entretanto, o problema com sistemas de apostas ao estilo de Martingale é que eles ignoram dois fatores que acabam sendo muito mais importantes do que parecem. Um deles é o que os jogadores chamam de "tensão", ou seja, a demanda colocada no capital da aposta, enquanto esperam uma vitória. O outro é o fato de que todos os cassinos impõem limites rigorosos sobre o tamanho das apostas permitidas em cada mesa.

O sistema de Martingale funcionará razoavelmente bem desde que você não esteja submetido a uma sequência mais longa do que a média de perdas consecutivas. Quando essa sequência ocorre — como pode acontecer, mais cedo ou mais tarde —, o sistema entra em colapso.

Ou dito de outra forma: *o sistema funciona quando você está com sorte.*

Um sistema de apostas ao estilo de Martingale, portanto, não é tão diferente de sistemas com base na astrologia, números da sorte, interpretação de sonhos, ponderação das chances ou presságios lidos em folhas de chá. *Todos* funcionarão ou parecerão funcionar às vezes — quando você está com sorte.

A professora amiga de Paula Wellman aplicou o sistema na roleta uma noite e teve sorte. Ela ganhou. Infelizmente, não entendeu claramente por que havia ganhado. Ela acreditava que tinha sido por causa de seu sistema.

Ela testou o sistema novamente no dia seguinte e tornou a ganhar. E, como antes, creditou o sucesso ao sistema, e não à sorte. Ela começou a pensar que o sistema poderia ser infalível.

Cheia de confiança, sacou um valor bem alto da poupança para jogar. Levou o dinheiro para uma roleta onde poderia apostar alto e perdeu cada centavo.

Ela ficou chocada. Como poderia um sistema infalível falhar? Levou muito tempo para ela conseguir entender o que havia acontecido. O sistema realmente nunca funcionara. Certamente não era infalível. Seus ganhos tinham sido gerados por sorte, e, finalmente, a sorte se esgotara. Era simples assim — e, por ela não ter percebido na época, foi um desastre total.

Vamos voltar mais tarde para o fenômeno das marés de sorte; um fenômeno tão intrigante e desesperadamente importante na vida, que teremos de considerá-lo a partir de vários ângulos diferentes. Por ora, o ponto a ser apreciado é que cada onda de sorte certamente acabará mais cedo ou mais tarde. Isso é triste, mas não necessariamente perigoso. Quando você estiver em uma maré de vitórias, estará seguro, desde que enxergue claramente que parte dela foi provocada por planejamento e parte por sorte. A professora que apostou na roleta entrou na zona de perigo quando ignorou o papel da sorte. Ela pensou que sua série de vitórias tinha sido unicamente resultante de planejamento. Acreditando nisso, não estava preparada para o período de maré baixa.

O mesmo tipo de desastre se abate sobre investidores e especuladores em Wall Street todos os dias. Triste história típica: um investidor entra no mercado com um *sistema*, muito provavelmente escolhido de um dos vários boletins de notícias e serviços de consultoria que são apregoados em publicações como o *Wall Street Journal*. Durante alguns meses ou talvez um ano ou dois, o sistema parece funcionar. O investidor fica mais rico. "Uau!", ele comemora. "Descobri o segredo! Como sou inteligente!"

Essa forma de pensar é perigosa, pois a verdade é que esse supersistema só funciona porque o investidor teve sorte. Com o tempo, essa boa sorte certamente acabará, mas o investidor se recusa a considerar essa possibilidade. Acreditando que está ganhando por causa de seu intelecto superior, ele especula cada vez mais com menos cautela. Finalmente — desastre! — seu castelo de cartas desmorona a sua volta.

E isso não acontece somente com iniciantes ou pessoas sem experiência. Acontece com grandes empresas também. Todos estão à mercê da sorte, e a maioria se recusa a admiti-lo.

Vamos usar a Standard and Poors Corporation como exemplo. A S&P é um dos nomes mais antigos e respeitados em Wall Street. Ela publica um boletim semanal de consultoria de investimento chamado *The Outlook*, no qual revela o que seus especialistas acreditam que vai acontecer no mercado de ações nos meses vindouros. Os assinantes são informados sobre as ações que devem comprar e vender, quando e por quê. O conselho parece muito solene e sensato. A própria S&P muitas vezes parece perder de vista o fato de que a exatidão de suas previsões é determinada em grande medida pela sorte; e, se a S&P se esquece disso, sem dúvida, muitos dos assinantes também o fazem, especialmente os mais recentes.

A S&P não teve sorte em 1984. Em janeiro daquele ano, a previsão de *The Outlook* foi que o índice de ações S&P 500 (um dos índices de preços de ações mais amplamente utilizados em Wall Street) terminaria o ano com "mais de 20% acima do nível atual". A suposição foi excessivamente otimista. O que realmente aconteceu foi que o índice S&P 500 terminou o ano praticamente inalterado, enquanto outros índices importantes, como o Dow Jones, caíram um pouco. Para a maioria dos investidores em ações, foi um ano mais ou menos. Contrariamente à previsão brilhante da S&P em janeiro, os resultados teriam sido melhores se o investidor tivesse guardado o dinheiro em uma instituição de poupança — ou debaixo do colchão.

Será que a previsão equivocada indica que a S&P era ruim? Não, ela só teve azar. Ter deixado a sorte de fora da previsão é que foi ruim. A previsão deveria ter sido redigida de forma a deixar claro que a sorte desempenha um papel tão grande no resultado quanto o pensamento analítico. "Acreditamos", ela deveria dizer, "que, se tivermos sorte, o índice S&P 500 terminará com alta de 20%".

A S&P não prometeu, é claro, que sua previsão daria certo. Segundo as regras da Comissão de Títulos e Valores Mobiliários, os consultores financeiros estão proibidos de dar garantias. Mesmo que tenham se beneficiado de uma onda de sorte, eles são obrigados por lei a avisar aos assinantes que os sucessos do passado podem não se repetir no futuro. No entanto, tais avisos nunca são suficientemente enfatizados. A ênfase está sempre no pensamento analítico, e não na sorte. Um assinante, em particular um neófito, pode ser facilmente enganado por uma falsa sensação de segurança. "Ah!", o novo investidor pensa, "a S&P afirma que o mercado vai subir 20% este ano! Essa S&P é uma empresa cheia de veteranos analistas financeiros que sabem das coisas. Se *eles* dizem que algo vai acontecer, posso contar com isso!"

Assim, o investidor aplica toda sua poupança no mercado de ações. A má sorte se intromete, e todo mundo dança.

O que os novos investidores não percebem (e até mesmo os investidores veteranos esquecem) é que a má sorte pode abalar os maiores analistas de Wall Street da mesma forma que abalam qualquer outra pessoa. Isso independe do grau de esperteza dos analistas da S&P ou do número de diplomas da Harvard Business School que eles tenham. A má sorte pode afetá-los com a mesma facilidade com que atinge a mim ou a você.

Se quiser mais uma prova disso, veja o caso dos fundos mútuos de Wall Street. Se isso for novidade para você, um fundo mútuo é essencialmente um pool de dinheiro público, especialmente concebido para ajudar investidores novos e inexperientes a colher os supostos benefícios de deter ações e títulos. Se você possui um pequeno montante de capital e não tem experiência, confiança ou tempo suficiente para investi-lo por conta própria, uma possibilidade é comprar ações em um fundo mútuo. Os gestores do fundo, em seguida, investem seu dinheiro para você. Você paga pelo serviço, é claro.

O que recebe em troca? Bem, eis o discurso de vendas: "Você recebe análises de investimento de alta qualidade." Em vez de tropeçar no mercado por conta própria, você coloca seu bem-estar financeiro nas mãos de veteranos de Wall Street, que sempre saberão o que é melhor para você.

O folheto e a vendedora de voz sedutora que liga para você vão dizer que é coisa quase certa. Como você pode perder? Se essas pessoas de um fundo de alto gabarito não ganham dinheiro no mercado, ninguém conseguirá!

Ou pelo menos é nisso que eles tentam fazer você acreditar. O que o folheto e a vendedora não dizem é que esses badalados analistas financeiros estão totalmente à mercê da sorte. O cuidado e a maravilhosa lógica empregados pelos analistas ao planejarem seu futuro financeiro de nada valerão. Se a sorte virar contra eles, você perderá dinheiro da mesma maneira que se estivesse quebrando a cabeça por conta própria.

Voltando ao triste ano de 1984 para mais alguns exemplos, vamos ver como você teria se saído se tivesse comprado ações de fundos mútuos naquele mês de janeiro. Teria dependido, é claro, da sorte. Alguns gestores de fundos (e seus acionistas) tiveram sorte em 1984, enquanto outros nem tanto.

Os mais sortudos foram os gestores e os acionistas do Prudential-Bache Utilities Fund, que concentra-se em investimentos em títulos de concessionárias públicas. De acordo com a Lipper Analytical Services, que monitora o desempenho de fundos todos os anos, a Prudential-Bache ganhou o bolão de apostas de 1984, com um ganho muito respeitável de 38,6%. Para cada dólar aplicado nesse fundo no início de 1984, você poderia ter encerrado o ano com quase US$ 1,40.

Os acionistas menos sortudos, de acordo com a tabulação da Lipper, foram os do 44 Wall Street Fund, que é especializado em investimentos mais especulativos de pequenas empresas de alta tecnologia. As ações desse fundo perderam 59,6% do seu valor durante 1984. Para cada dólar investido em janeiro, você teria encerrado o ano com quarenta centavos.

Isso significa que o pessoal da Prudential-Bache é mais esperto do que o do 44 Wall Street? Será que seu planejamento é mais sólido? Seu raciocínio é mais rápido? Não necessariamente. Significa apenas que, em 1984, os gestores do fundo Prudential-Bache tiveram mais sorte. Naquele ano, por mil razões diferentes, a comunidade de investimentos como um todo sentiu-se otimista em relação a empresas de serviços públicos, por isso os preços das ações dessas empresas subiram. Como resultado, os acionistas do Prudential-Bache Fund encerraram o ano com um belo presente de Natal. Contudo, 1984 foi um período pessimista para os tipos de empresas que o fundo 44 Wall Street gosta, por isso os acionistas do fundo terminaram o ano mais pobres do que queriam.

A sorte explica tudo. Nenhuma outra explicação faz mais sentido. Não há nenhuma razão para supor que os gestores do Prudential-Bache Fund sejam mais espertos como grupo do que os gestores do 44 Wall Street Fund. Quando os fundos mútuos contratam talentos, eles procuram na mesma fonte. Todo fundo possui em seus quadros pessoas de todo tipo. Nenhum fundo vai admitir que contrata pessoal menos capacitado, mas é claro que todas as organizações o fazem. Você pode supor, portanto, que todos os grandes fundos mútuos são aproximadamente iguais em seu nível geral de brilho e talento.

Eles diferem em sua abordagem ao investimento; mas nenhuma abordagem, vista desapaixonadamente, é mais esperta do que outra. As diferenças nos resultados anuais baseiam-se em um único fator. Em qualquer ano específico, alguns têm mais sorte do que outros.

$$***$$

Agora, vamos ver o que esse conhecimento faz por você. Até que ponto é bom saber que seu destino em dada empresa será determinado em grande parte pela sorte?

O valor é enorme.

Não iremos nos demorar muito mais falando de Wall Street, mas vamos dar uma última olhada nesses fundos mútuos. Suponhamos que você seja o tipo de pessoa que ignora ou nega o papel da sorte em empreendimentos monetários. Digamos que em algum momento, em 1985, você leia sobre os resultados dos fundos mútuos de 1984. Você observa o ganho do fundo Prudential-Bache de quase 40% no valor de suas ações. "Caramba!", você diz. "Esse pessoal é obviamente melhor do que os outros. Esse fundo realmente entende o mercado de ações!"

Esse estado de iluminação supostamente é eterno. Se eles entendem do assunto agora, sem dúvida entenderão no futuro. Se o Prudential-Bache foi esperto em 1984, essa esperteza continuará nos próximos anos. Pelo menos você pensa assim. Você aposta tudo nisso. A má sorte entra em cena e — *bum!* — você acaba no prejuízo, imaginando o que pode ter dado errado.

Ignorar o papel da sorte é receita certa para o azar. Na verdade, a tendência de cometer esse erro é uma das características mais notáveis dos cronicamente azarados: os perdedores da vida.

No entanto, quando você percebe claramente como a sorte afeta determinadas circunstâncias, passa a ter plena consciência de que a situação tende a mudar. Pode mudar de forma radical, rápida, imprevisível, sem aviso. Você não tem como saber qual será a mudança ou quando ela acontecerá, mas pode ter certeza absoluta de que ela virá, cedo ou tarde. A única coisa que você não pode esperar é o que todo perdedor espera: continuidade, uma repetição dos eventos de ontem.

O problema do perdedor está na incapacidade de fazer a distinção crucial entre planejamento e sorte. No caso de um fundo mútuo, estamos falando do planejamento *dos outros*. No caso da amiga de Paula Wellman que apostou na roleta, o que a fez afundar foi uma conclusão equivocada sobre seu próprio planejamento.

De qualquer forma, o processo mental de falta de sorte é o mesmo. O processo começa quando ocorre um bom resultado uma ou mais vezes. O perdedor o estuda, conclui que se deve a um planejamento e que o mesmo tipo de plano gerará um resultado idêntico no futuro. E o perdedor perde de novo.

A personalidade sortuda evita cair nessa armadilha. Isso não quer dizer que ela evita correr riscos. Pelo contrário, como veremos mais adiante. O que de fato significa é que essa personalidade de sorte, ao entrar em determinada situação e perceber que ela é governada ou altamente influenciada pela sorte, deliberadamente assume uma posição flexível, pronta para seguir um caminho ou outro, dependendo do desenrolar dos eventos.

O enfoque de sorte afirma: "Ok, vou entrar nessa situação arriscada — esse jogo da roleta, esse investimento do fundo mútuo. Porém, não vou me iludir com a ideia de que o planejamento vai mudar as coisas. Vejo uma grande participação da sorte no processo, por isso vou tomar cuidado para não ficar confiante e relaxado demais. Estarei preparado para mudanças rápidas. Não vou assumir compromissos sérios e irrevogáveis. Ficarei pronto para cair fora no minuto em que identificar alguma mudança da qual eu não goste."

$$***$$

Existem, é claro, muitos tipos de acontecimentos na vida que não são tão fortemente influenciados pela sorte como as apostas e os investimentos no mercado de ações. O planejamento pode ser mais importante do que a sorte em boa parte do que você faz. O truque é saber em que tipo de situação você está em determinado momento. Será que é possível confiar em seu próprio planejamento ou no planejamento dos outros, ou o resultado será determinado pela sorte?

Vamos usar um exemplo simples e familiar: dirigir um carro é uma situação em que, em geral, podemos contar com o planejamento. Quase sempre você precisa chegar a um destino que você planejou. Todavia, a má sorte pode atrapalhar seu plano. Você pode ser atingido por um motorista bêbado antes de chegar ao lugar que queria. Porém, a probabilidade de uma ocorrência aleatória como essa não é grande. Essa é a situação típica em que o planejamento vence a sorte em 99% das vezes.

Um exemplo um tanto mais complexo envolve eventos esportivos. Certa vez, eu assisti à grande Billie Jean King jogar tênis contra um amador em um evento beneficente para arrecadar fundos. Nesse caso, o resultado foi determinado quase inteiramente pelo planejamento de King. Ela ganhou o jogo porque *planejou* vencer. A atleta vinha aperfeiçoando seu jogo desde que começou a jogar profissionalmente ainda criança. Apenas por um absurdamente improvável golpe de sorte um amador poderia ter ganhado dela. Assim, as influências sobre o jogo foram praticamente as mesmas de dirigir um carro: 99% de planejamento, 1% de sorte.

Contudo, uma semana depois, King estava de volta ao circuito de torneios profissionais, enfrentando jogadores como Chris Evert Lloyd. Agora a relação sorte/planejamento estava mais para 50% — 50%.

É essencial chegar a alguma ideia dessa relação nos empreendimentos importantes de sua vida. A carreira, o casamento (se você for casado), os investimentos. Obviamente, você não será capaz de chegar a números precisos: 57% de planejamento, 43% de sorte. Tentar isso seria tolice. Porém, você pode desenvolver uma consciência geral da influência relativa da sorte em várias situações de sua vida. Pode não ser exata, mas tende a ser útil.

Ao estudar as situações mais complicadas da vida — carreira e casamento, por exemplo — é provável que descubra que a influência da sorte é maior do que você jamais acreditou. Descobrir isso pode ser um choque. Mas anime-se. O próprio ato de fazer essa descoberta pode melhorar automaticamente sua sorte.

Considere as aventuras profissionais de Wendell R. Osborne, por exemplo. Osborne é executivo de uma empresa de produtos de construção. Tem por volta de 55 anos de idade. Duas vezes na vida — a primeira com quase 40 anos, a segunda com mais de 40 — ele se viu desempregado. Da primeira vez, a experiência o deixou arrasado; da segunda, tendo se tornado um aprendiz da sorte, ele quase não se incomodou. Na verdade, conseguiu usar a experiência para sua própria vantagem.

Eu o conheci no clube Forty-Plus de Nova York, onde ele apareceu durante essa segunda turnê do desemprego. Eu tinha ido lá especificamente para reunir algumas histórias e perspectivas sobre a sorte. Os clubes Forty-Plus, que existem nas principais cidades norte-americanas e europeias, funcionam com o único propósito de ajudar homens e mulheres de meia-idade a encontrar emprego. Se você tem mais de 40 anos, perdeu um trabalho de nível executivo e está tendo dificuldades para encontrar uma nova colocação, entre para um clube da rede Forty-Plus. O clube oferece ajuda para procurar emprego, auxílio especial na luta contra a discriminação por idade e — mais importante — um impulso na autoestima. Todos os membros são homens e mulheres em busca de um novo emprego. Quando alguém consegue se empregar, sai do clube. É um excelente lugar para ouvir histórias sobre boa e má sorte.

Wendell Osborne me contou sua história. Quando jovem, ingressou na Rath Packing Company, grande produtora de carne processada do estado de Iowa. Um executivo mais velho "adotou" o jovem Osborne, ajudou-o a obter treinamento especial, manobrou para colocá-lo em um posto de supervisor da linha de produção e depois no cargo de gerente júnior.

"Eu era bom no que fazia", ele relembrou mais tarde, sentado confortavelmente em uma poltrona macia do Forty-Plus. "Eu realmente era bom no gerenciamento de tarefas: elaborava planos, previa problemas, motivava as pessoas a realizar o trabalho, tudo isso. Era tão bom nisso que perdi de vista as outras grandes forças em minha vida. Perdi a sorte de vista."

Hoje, ele vê claramente que pelo menos metade do crédito pelo seu sucesso inicial se deveu à sorte. Ele não teria subido tanto na empresa — na verdade, talvez não tivesse sequer sido promovido — não fosse pelo homem mais velho que se tornou seu mentor. Como é que ele conheceu aquele homem mais velho, e como sua relação mentor-pupilo se estabeleceu? Puramente por sorte: um encontro casual sob as circunstâncias certas no estacionamento. O jovem

Osborne tinha ajudado o homem mais velho a trocar um pneu furado. A própria presença de Osborne no estacionamento naquele momento específico foi, por si só, uma circunstância inusitada, pois ele não tinha carro e estava passando por aquele local "sem nenhum motivo especial; eu estava simplesmente dando uma volta".

Pelo menos metade do crédito pelo seu sucesso profissional, portanto, poderia ser atribuída ao detalhe trivial de uma caminhada qualquer — seguir em uma direção em vez da outra. Pensando hoje sobre o início de sua carreira, Osborne pode identificar outros pontos cruciais em que a sorte teve um papel influente. Entretanto, naquela época, não deu crédito a ela. Ele pensou que estava subindo no mundo dos negócios unicamente por causa de sua capacidade gerencial.

Como a amiga de Paula Wellman ao analisar os resultados da roleta e como um investidor iniciante ao estudar o desempenho de fundos mútuos, o jovem Wendell Osborne pensou que as principais influências em sua vida eram permanentes. Ele tinha capacidade gerencial hoje; então, as teria amanhã. Seu futuro, portanto, estava garantido.

Foi o que ele pensou na época.

Porém, a velha Rath Packing Company enfrentou mudanças econômicas imprevistas que acabaram levando ao colapso. De forma absurdamente rápida, uma empresa sólida começou a desmoronar. Fábricas foram fechadas, restrições foram impostas e houve demissões em massa. Nos escritórios executivos, homens e mulheres assustados lutavam com unhas e dentes para sobreviver. O mentor do jovem Osborne foi forçado a se aposentar cedo, e pouco tempo depois o próprio Osborne, não mais protegido, estava na rua.

Ele ficou perplexo. Osborne não sabia o que acontecera com ele. Tinha a vida toda planejada. Sua segurança parecia garantida. Como seu plano de vida podia ter fracassado de forma tão repentina? Ele ainda tinha as mesmas habilidades do passado, não é? Então, como explicar — *como?* — que a segurança que ele desfrutara ontem sumira de um dia para o outro?

Essas eram as perguntas angustiadas que o jovem azarado se fazia. Com o tempo, ele entendeu as respostas — e nunca se esqueceu delas.

Ele encontrou um novo emprego — mas só depois de sofrer um bocado, chegando à beira da falência pessoal. Osborne resolveu nunca mais se deixar ficar tão vulnerável. Quando começou no novo emprego — em uma fábrica de médio porte em Nova Jersey — manteve os olhos bem abertos e observou como a sorte operava silenciosamente em sua carreira.

Como tinha acontecido na Rath, ele subiu rapidamente na hierarquia da empresa. Osborne era bom no que fazia e, quando a sorte o colocava nos lugares certos nas horas certas, ele conseguia tirar proveito da situação. Porém, não repetiu o erro anterior. Osborne reconhecia que suas habilidades eram valiosas, mas não se iludiu pensando que a ascensão na empresa foi provocada somente por sua capacidade. "Estou onde estou, em parte por causa da boa sorte", ele continuava lembrando a si mesmo. "Contudo, a sorte pode mudar. A sorte está a meu favor hoje. *Amanhã poderá me derrubar.*"

Com esse lembrete constantemente diante de si, ele se preparou para o dia em que sua sorte poderia mudar de forma indefinível. O momento poderia nunca chegar, mas ele agia sempre como se tudo pudesse mudar no dia seguinte. Mesmo quando sua carreira parecia estar indo bem, mesmo quando estava se sentindo incontestavelmente seguro, ele se recusava a relaxar. Continuamente explorava as possibilidades de outros trabalhos. Ele questionava amigos que trabalhavam para outras empresas. Quando um recrutador de executivos se aproximou dele com uma proposta envolvendo um emprego na Europa, Osborne não dispensou o homem de cara com um "não". Em vez disso, ele fez de tudo para se tornar amigo do recrutador, e não abriu mão de manter contato com o homem uma ou duas vezes por ano.

"Eu sempre soube exatamente o que faria se perdesse meu emprego", lembrou. "Sabia exatamente que telefonemas eu daria, que cartas escreveria. Até fui para o clube Forty-Plus. A maioria das pessoas só faz isso depois que é despedida. Fiz quando ainda estava empregado e me sentindo seguro."

Finalmente, aconteceu de novo; ele perdeu o emprego. Osborne não fala muito sobre a causa, exceto que envolveu um erro de juízo caro cometido por um executivo sênior. A culpa foi filtrada para os níveis hierárquicos inferiores e recaiu sobre Wendell Osborne, agora com quase 50 anos de idade.

Era o tipo de má sorte que pode atingir qualquer pessoa em uma organização empresarial. Era imprevisível. Todavia, de certa forma, Osborne havia previsto isso. Ele sempre soube que sua sorte poderia mudar.

E quando mudou, ele estava preparado para enfrentar a situação. O período normal de permanência no clube Forty-Plus é de cerca de três meses. Wendell Osborne recebeu três ofertas de trabalho em duas semanas. O trabalho que aceitou veio com um aumento de quase 50% no salário.

***

Wendell Osborne e a amiga de Paula Wellman tiveram problemas por pensar erroneamente que alguns bons resultados foram provocados por bom planejamento. O inverso também acontece, embora não com tanta frequência: derrubada por um mau resultado, a personalidade azarada atribui a perda a falhas pessoais, ignorando o papel da má sorte.

Essa é a teoria da "culpa trágica", que analisamos brevemente no capítulo anterior. Por razões desconhecidas, professores de literatura amam essa teoria. Nada de ruim acontece por causa do azar, de acordo com essa teoria. Tudo que deu errado com Hamlet ou com o pobre e velho Macbeth, supostamente, foi por culpa deles. Da mesma forma, se você perder o emprego em uma reviravolta corporativa, o cônjuge em uma disputa conjugal e as economias de uma vida em um crash da Bolsa de Valores, o motivo postulado é que você tem algum tipo de culpa trágica.

Não acredite nisso. Esse tipo de pensamento leva ao desânimo desnecessário: "Qual é meu problema?" Muito provavelmente, não há nada de errado. Você acaba de ser atingido pela má sorte, só isso. Levante a cabeça e tente de novo.

A ideia da "culpa trágica" é uma boa distração nas aulas de literatura, mas tem pouca relação com a vida real. Na vida real, a boa e a má sorte são tão influentes quanto habilidades ou defeitos. Quando a desgraça se abater, examine o caso desapaixonadamente. Talvez tenha sido totalmente ou em grande parte culpa sua. Talvez você tenha feito algo estúpido ou careça de algumas habilidades que poderiam tê-lo salvado. Por outro lado, pode ser que o evento tenha sido 90% determinado pela sorte. Se esse for o caso, não tenha vergonha de dizer isso.

A Dra. Nancy Edwards, psicoterapeuta de Nova York, afirma que é característico de alguns de seus pacientes mais problemáticos se culparem por eventos que não são realmente sua culpa. Em muitos casos, são pessoas que parecem ter sido perseguidas pela má sorte a vida toda: perdedores crônicos. A Dra. Edwards não usa esse termo, mas é claro que ela está descrevendo um tipo de pessoa que nunca ganharia em Atlantic City ou Wall Street.

Por exemplo, uma paciente sua, uma mulher de 40 e poucos anos, tinha um longo histórico de perdas na carreira. Ela trabalhava em determinado emprego por um ano ou dois, era atingida por algum tipo de má sorte, botava a culpa em algum defeito seu e pedia demissão em um acesso de tristeza e desânimo. Então, acreditando-se incapaz de lidar com um trabalho com esse nível de dificuldade, ela procurava um novo emprego que exigia menos qualificação.

Seu problema era, em certo sentido, o oposto do de Wendell Osborne. Ele não conseguiu reconhecer o papel da boa sorte em seu sucesso inicial, e a paciente da Dra. Edwards não conseguiu reconhecer o papel da má sorte em suas dificuldades no trabalho.

Entretanto, ambos estavam cometendo o mesmo erro fundamental. Os dois procuraram exclusivamente dentro de si mesmos explicações sobre o que estava acontecendo com eles. Essa é uma receita para a má sorte.

A personalidade sortuda procura fora, bem como dentro de si. É certo que isso nem sempre é fácil, pois vai contra alguns de nossos mais queridos mitos da velha ética do trabalho. Aprendemos na escola, na igreja e em seminários de treinamento em gestão que somos os responsáveis por nossas próprias vidas e os autores de nossos próprios desfechos.

No entanto, você não deve acreditar nisso. Não faz sentido. O primeiro passo para controlar sua sorte é reconhecer que ela existe.

A Segunda Técnica
Encontre o caminho rápido

QUANDO JOVEM, A ATRIZ Lauren Bacall saiu de sua rotina e fez amizade com um grande número de pessoas, envolvendo-se em um fluxo rápido de eventos. O mesmo aconteceu com o ator Kirk Douglas. Se eles não tivessem agido dessa forma, não teriam alcançado o estrelato.

Talento? Com certeza ambos tinham talento. Também inteligência, charme, graça e muitos outros bons atributos. Porém, nada disso teria valor sem o mínimo de sorte. Suas histórias estranhamente ligadas ilustram com bela clareza como homens e mulheres encontram a boa sorte posicionando-se onde os eventos estão fluindo mais rápido.

Bacall, nascida Bacal, era uma atriz e modelo batalhadora em Nova York durante os primeiros anos da Segunda Guerra Mundial. Nova York está sempre repleta de moças cheias de esperança de alcançar o sucesso. Quase todas são lindas e muitas são realmente talentosas. Todas parecem vir de cidades remotas, onde reinavam como rainhas da beleza, lideravam o Desfile da Independência e atuavam na principal peça do colegial. Agora, elas estão na Big Apple, tentando fazer com que o mundo as reconheça.

A maioria está fadada ao amargo desapontamento. Isso se deve ao fato de que, dentre as milhares de belas e talentosas jovens aspirantes que invadem a cidade grande todo mês, apenas algumas podem ser escolhidas para destaque nacional ou mesmo local. Aquelas com evidente falta de talento, naturalmente, serão logo rejeitadas, mas ainda restam milhares ou dezenas de milhares de jovens aspirantes. Todas têm talento e, uma vez que este não pode ser medido, deve ser assumido que elas o têm em quantidades aproximadamente iguais.

O que determina o sucesso ou o fracasso para essas jovens? Como as poucas vencedoras são escolhidas? Elas são escolhidas por sorte. As vencedoras nessa enorme, eterna e desesperada loteria são aquelas que por acaso estavam no lugar certo na hora certa.

Esse foi o caso com a jovem Lauren Bacall. A má sorte acompanhou quase sempre seus primeiros anos em Nova York, de acordo com sua autobiografia, *By Myself*. Ela conseguiu pequenos papéis em peças que não fizeram sucesso, conseguiu trabalhos como modelo que não deram em nada por razões aleatórias. Inconscientemente praticando a Primeira Técnica, ela reconheceu a má sorte quando a viu. Lauren entendeu corretamente que os resultados ruins não foram sua culpa e, portanto, ela poderia muito bem continuar lutando enquanto tivesse ânimo para tal.

Assim, ela foi em frente e aplicou a Segunda Técnica. Da mesma forma, isso foi inconsciente da parte dela. Não há indícios na autobiografia da atriz de que ela levasse a sério princípios para controlar a sorte. Lauren era simplesmente uma daquelas pessoas que aplicam a maioria dos princípios sem pensar sobre eles — e que acabam tendo sorte sem saber o motivo.

O mandamento da Segunda Técnica é: *procure o caminho mais rápido, onde os eventos fluem mais rápido*. Viva cercado de pessoas e eventos.

A jovem Lauren Bacall fez isso sem perceber que estava aumentando assim suas chances de conseguir se beneficiar por um golpe de sorte, o golpe sem o qual ela não conseguiria sair do lugar. Ela não deixou que a maré de má sorte a desencorajasse. Em vez de ficar deprimida e inativa — o que o azar pode fazer com as pessoas que acreditam que seus problemas são resultado de suas próprias falhas —, Bacall manteve o foco e foi atrás do caminho rápido. Ela se envolveu quase freneticamente em trabalhos do esforço de guerra, como Stage Door Canteen; em empregos de meio expediente, como lanterninha em teatros; em eventos sociais, encontros, festas e piqueniques. Colocou-se no centro de um turbilhão de pessoas.

Ela não tinha como saber qual dessas pessoas seria seu canal para o sucesso. No final das contas, essa pessoa marcada pelo destino seria um obscuro escritor inglês chamado Timothy Brooke. Eles não eram amantes. Brooke era simplesmente um homem afável cuja companhia a jovem gregária candidata à atriz apreciava. Certa noite, eles foram a uma boate chamada de Tony's. Lá, Brooke apresentou Lauren a um conhecido seu, um homem chamado Nicolas de Gunzburg. Ela não sabia disso na época, mas esse foi o primeiro elo de uma longa cadeia de circunstâncias que a levaria a sua grande chance.

De Gunzburg era editor da *Harper's Bazaar*. Por meio dele, a jovem e sortuda atriz conheceu Diana Vreeland, editora de moda da revista. Vreeland lhe passou alguns trabalhos como modelo. Uma foto de página inteira de tirar o fôlego chamou a atenção de um produtor de Hollywood, Howard Hawks. Assim começou a carreira cinematográfica de Lauren Bacall.

Ela era uma mulher de grande graça, beleza e talento. Esses atributos desempenharam um papel necessário em sua ascensão ao estrelato. Sem eles, a jovem atriz não poderia ter aproveitado a grande chance quando ela chegou. Contudo, Lauren também precisava de uma mãozinha da sorte. Se não tivesse feito de tudo para encontrar o caminho mais rápido e se não tivesse conhecido o obscuro escritor britânico como resultado, o nome de Lauren Bacall talvez não significasse nada para nós hoje.

***

Lauren Bacall não parece ter pensado muito profundamente sobre a sorte. Talvez porque ela fosse naturalmente uma personalidade de sorte e, portanto, não sentia nenhuma grande necessidade de se preocupar com isso. Ela vivia a vida sem preocupações e, na maioria das vezes, achava-a agradável. Porém, na época em que estava enfrentando dificuldades no início da carreira em Nova York, esperando por sua grande oportunidade, conheceu um jovem que passava um bom tempo pensando sobre o papel da sorte em sua vida e na dos outros. Seu nome era Issur Danielovitch; e ele veio de Amsterdã, Nova York. O rapaz estava tentando encontrar trabalho como ator. Seu nome artístico era Kirk Douglas.

Muitos, muitos anos depois daqueles tempos difíceis em Nova York, entrevistei Douglas no escritório de seu agente em Hollywood. Ele se lembrava de pensar conscientemente sobre procurar o fluxo rápido de eventos, embora não tivesse usado esse termo. Como um jovem ator desconhecido em Nova York, trabalhando em um restaurante da cadeia Schrafft para não morrer de fome, ele percebeu claramente que a chance de que tanto precisava chegaria por meio de outra pessoa. Douglas não tinha como saber quem seria essa outra pessoa. No entanto, ele sabia que suas chances de conseguir algum sucesso melhorariam em proporção direta ao número de indivíduos que ele conhecia.

"Se você é um eremita, nada acontece em sua vida", disse ele. "Se você é o extremo oposto, tudo acontece." Ele era o extremo oposto. Em seu tempo livre da Schrafft, Douglas estava sempre em meio a um turbilhão de gente e eventos. Uma das pessoas que ele conheceu foi uma jovem candidata a atriz chamada Lauren Bacall.

Na época, pareceu altamente improvável que essa jovem desconhecida em trajes simples pudesse um dia vir a ser o canal de sorte especial para ele. Ela não tinha nenhum poder ou contatos nas altas esferas. Se Kirk Douglas tivesse planejado sua vida social com o objetivo cínico da conhecer os ricos e poderosos, teria ignorado essa Lauren Bacall. Contudo, um enfoque tão cínico e estreito não teria gerado boa sorte. A personalidade de sorte conhece todos a sua volta: ricos e pobres, famosos e humildes, sociáveis e até mesmo os metidos e os mal-humorados.

Observamos no capítulo anterior que é da natureza da sorte gerar mudanças rápidas, profundas e imprevistas em situações — e também em pessoas. Isso foi o que aconteceu com a jovem atriz que Kirk Douglas conheceu. Sua grande chance veio e a levou para Hollywood. Com o tempo, ela conseguiu abrir algumas portas da indústria cinematográfica para ele. Kirk Douglas a seguiu para o estrelato no final da década de 1940.

Assim, a boa sorte dela se traduziu em boa sorte para ele. A longa cadeia de circunstâncias se desenrolou porque ambos conseguiram encontrar o caminho rápido para o sucesso. Se por acaso um deles tivesse mudado de ideia, nem o talento como ator nem a famosa covinha em seu queixo teriam feito diferença para Kirk Douglas. Ele seria totalmente desconhecido hoje em dia.

***

Quer você pretenda entrar para o mundo do cinema ou simplesmente conseguir um emprego mais bem remunerado ou emocionante, a regra é a mesma. Procure o caminho mais curto, onde os eventos fluem mais rápido.

Eric Wachtel, um consultor de gestão e recrutador de executivos em Nova York, literalmente acompanhou a ascensão profissional de centenas de homens e mulheres. Em sua opinião, aqueles que ficam sem opções são, muitas vezes, os que acabaram se tornando isolados.

"Isso não significa que você tenha de ser um daqueles sujeitos que conhece todos na cidade", diz Wachtel. "Nem todos conseguem ser a alegria da festa. Alguns de nós são mais tímidos do que outros. Porém, todos podemos ser simpáticos e ter uma atitude sempre aberta e flexível. Podemos permanecer ativos. A pior coisa que você pode fazer é sair de cena, abandonar a rede de amizades e conhecidos em casa e no trabalho. Se você não estiver na rede, ninguém jamais vai se lembrar de você."

No mundo dos negócios, assim como no cinema, as grandes chances fluem por meio de contatos entre os indivíduos. Não necessariamente amizades próximas, apenas contatos — por vezes tênues. O motor distante do destino começa a operar mais de perto quando, no final de uma longa cadeia de acontecimentos distantes, A pede demissão de seu emprego. O cargo é oferecido a B, que está interessado, mas que parte para outra direção quando seu velho amigo, C, lhe oferece algo melhor. D, um observador imparcial de tudo isso, almoça um dia com E e menciona a existência da vaga. Parece a E que pode ser algo que interesse a F.

E e F não são amigos do peito. Talvez sejam apenas colegas que, de vez em quando, saem juntos para beber depois do expediente, ou talvez voluntários que trabalham juntos em algumas atividades de fim de semana, como os escoteiros. Um não colocaria o outro em sua lista de "melhores amigos". Ainda assim, E gosta de F, sabe o suficiente sobre ele para adivinhar que tipo de vaga de trabalho seria do interesse dele e tem o prazer de lhe apresentar uma potencial chance de mudança. Quando F ouve falar da vaga, ele corre atrás, consegue o trabalho e muda de vida.

As pessoas certamente ficarão com inveja de F. "Aquele sortudo de uma figa!", elas dirão. "Ele está sempre no lugar certo na hora certa!"

Entretanto, por que ele está sempre no lugar certo na hora certa? Porque fez um esforço para estar em muitos lugares e com muita frequência. O destino lhe deu uma chance, mas ele fez por merecer. Ele estava em posição favorável para aproveitar a chance quando ela apareceu.

***

O poder dos elos aparentemente fracos entre as pessoas é um dos fenômenos menos compreendidos da sociedade humana. Sabemos muito sobre elos fortes — mais do que queremos, às vezes. Psiquiatras e psicólogos estudam questões relacionadas a sexo, amor, laços familiares, amizades (e, mais adiante, vamos analisar um tipo especial de amizade que chamamos de encontrar o "par perfeito"). Porém, o que dizer dos elos fracos? Não prestamos muita atenção a eles, embora possam exercer profunda influência em nossas vidas.

Pense em todos aqueles que conhecem você pelo nome, mas a quem você não chamaria de "próximo". Os vizinhos que você vê algumas vezes por ano em festas. A mulher que corta seu cabelo. As pessoas que trabalham em seu andar. Seu professor favorito. Os homens e as mulheres que cantam com você no coral da igreja ou que trabalharam na campanha política do ano passado com você. A lista é interminável. Se você convive com muitos grupos diferentes, certamente será capaz de contar pelo menos cem desses elos fracos agora, e mais outros cem depois de pensar um pouco.

Uma equipe de ciências sociais do Massachusetts Institute of Technology (MIT) uma vez estimou que o norte-americano médio está diretamente em contato com até quinhentas pessoas. Esse total inclui elos fortes e fracos, bem como contatos extremamente frágeis — por exemplo, quando você cumprimenta alguns caixas de seu supermercado local. Essas pessoas reconhecem seu rosto e gostam de conversar com você sobre o tempo ou os preços dos alimentos. Você não é um estranho, mas a relação entre vocês não vai muito além disso. Elas não sabem seu nome nem nada sobre você, por isso é pouco plausível imaginar que poderiam algum dia contribuir para sua sorte de alguma forma significativa. Para fins de nossos estudos sobre a sorte, não vamos incluir esses contatos muito frágeis em nossa definição de "elos fracos".

A melhor definição foi desenvolvida uma vez por um psicólogo de Harvard, o Dr. Stanley Milgram. Ele estava interessado no que os psicólogos chamam de "fenômeno do mundo pequeno" — a forma muitas vezes surpreendente em que as redes de elos fracos se sobrepõem. Você conhece um estranho em um avião, inicia uma conversa e descobre, para seu espanto, que ambos conhecem a mesma pessoa. "O mundo é mesmo pequeno!", vocês concordam.

Certamente é, e o Dr. Milgram jurou descobrir seu tamanho real. Os estudos que ele fez são diretamente relevantes para nossa análise sobre a sorte. Quando tivermos uma noção clara do quão pequeno é, de fato, esse nosso "mundo pequeno", estaremos em melhor posição para entender por que entrar no fluxo rápido de eventos pode melhorar significativamente nossa sorte.

Ao considerar as redes de contatos pessoais, o Dr. Milgram incluiu tanto elos fortes quanto fracos. Todavia, ele excluiu os contatos muito tênues, como aqueles estabelecidos com caixas de supermercado. Ele estava interessado apenas em contatos nos quais existe "algum tipo de interação pessoal significativa", e os definiu como contatos com pessoas que você conhece hoje pelo primeiro nome. Essa é uma definição tão boa e rápida quanto qualquer outra. Esses são os "elos fracos" dos quais estamos falando: pessoas que você conhece pelo primeiro nome, mas que não classificaria como amigos íntimos ou parentes.

O Dr. Milgram escolheu uma "pessoa-alvo" de forma aleatória: uma mulher que vivia em Cambridge, Massachusetts, e era casada com um estudante de teologia. Ele, então, escolheu um pequeno grupo de "pessoas iniciais" em Wichita, no Kansas. Wichita foi escolhida ao acaso, e por isso as pessoas foram chamadas "iniciais". Cada pessoa inicial recebeu uma carta do Dr. Milgram que dizia o seguinte:

Este é um estudo sobre o "fenômeno do mundo pequeno". Encontra-se anexo um documento dirigido a uma senhora que mora em Cambridge, Massachusetts. Se você conhece essa senhora pelo primeiro nome, certifique-se de que o documento chegue até ela. Se não a conhece, por favor, passe a carta adiante para alguém que você conheça pelo primeiro nome e que, em sua opinião, pode conhecê-la.

O objetivo desse estranho exercício foi, é claro, determinar quantos elos fracos em uma cadeia seriam necessários para voltar para a pessoa-alvo. O Dr. Milgram pediu às pessoas para adivinhar qual seria o tamanho da cadeia mais curta. A maioria pensou que seriam cem elos ou mais.

Para espanto do próprio Dr. Milgram, uma cadeia completou-se em três elos. Um fazendeiro em Wichita — uma das "pessoas iniciais" originais — passou o documento para um amigo político. Esse homem o enviou para um político que ele conhecia em Cambridge. O ministro de Cambridge conhecia a mulher-alvo, e a cadeia se fechou.

Das cadeias que foram fechadas, a mais longa tinha dez elos, e o número médio de elos foi cinco. Um resultado surpreendente. No entanto, torna-se menos surpreendente quando você analisa a matemática por trás disso. Vamos supor que você conheça pelo primeiro nome trezentos contatos — elos fortes e fracos. Suponhamos que cada contato tenha uma média de trezentos elos. Isso significa que seus elos secundários — o amigo de um amigo — totalizariam cerca de 90 mil pessoas. E seus elos terciários — o amigo de um amigo de um amigo — totalizariam 27 milhões.

Com números assim, não parece tão estranho que a cadeia média no experimento do Dr. Milgram tenha tido apenas cinco elos. Ao conhecer apenas trezentas pessoas, você se torna membro de uma enorme rede de convivência.

Porém, será que ela é realmente enorme? Você está mesmo ligado de forma significativa àqueles 27 milhões de contatos terciários?

Sim, você está. A sorte flui ao longo de cadeias de pessoas ligadas entre si até atingir seu alvo, assim como aconteceu com o documento do Dr. Milgram. O fluxo muitas vezes começa com um amigo de um amigo.

Vamos supor que você esteja entediado, solitário, estagnado e precise de um caso de amor que mude sua vida para conseguir superar essa fase. Você tem um elo fraco com um homem chamado

A, membro de um grupo de ação política local. Uma noite, B, o amigo de A que você não conhece, dá uma festa. A, ao descobrir que você está sozinho naquela noite, pergunta a B se pode levar você para a festa. B diz que sim, contanto que você contribua com uma bebida. Uma outra convidada é C, amiga de B, que nem você nem A conhecem. C, um elo terciário em sua rede, é a pessoa que vai mudar a sua vida, é a pessoa por quem você esperava. É assim que a sorte acontece.

Ao verem seu caso de amor com C crescer e florescer, alguns de seus amigos poderão ficar com inveja. "Que sorte!", eles resmungarão. "Por que algo assim não acontece comigo?" Talvez porque eles não tenham encontrado o fluxo rápido de eventos. Você encontrou a sorte grande, porque conhecia A, juntamente com outras 299 pessoas.

***

Observamos antes que um mero cumprimento — "Oi, tudo bem? Que tempinho ruim, né?" — é um elo fraco demais para ser considerado um canal potencial para o fluxo da sorte. É interessante perguntar *de que maneira* esse elo é fraco demais. A resposta, em especial, é essa: a outra pessoa não sabe o suficiente sobre você.

Os tipos de sorte que a Segunda Técnica aborda — as chances que fluem para uma pessoa-alvo ao longo de cadeias de pessoas interligadas — não têm condições de atingir um alvo que é apenas um rosto visto em um supermercado. Para ser identificado como alvo da sorte, você deve se empenhar para ser conhecido por aqueles que são seus elos primários na rede. Esses ainda podem ser o que chamamos de elos "fracos", mas devem ser, pelo menos, fortes o suficiente para que as pessoas saibam quem você é, o tipo de trabalho que faz, quais são seus interesses, que tipo de recompensa você procura na vida.

É necessário que elas saibam o que você consideraria um golpe de sorte.

Um fato interessante sobre nossa espécie, por vezes tão desagradável, é que, com algumas exceções, apreciamos dar boas notícias uns aos outros. Gostamos de ser os portadores de boas novas. Nas palavras de Eric Wachtel, o recrutador consultor: "É realmente muito agradável pegar o telefone e dizer: 'Ei, Charlie, tem uma vaga aqui que parece ser feita sob medida para você.'" Porém, antes que as pessoas possam pensar em você como alvo desse tipo de tratamento benigno, elas precisam saber o que seria necessário para fazê-lo feliz.

Como diz Wachtel: "Se estou tentando preencher determinada vaga, naturalmente procurarei gente que conheço ou sobre quem poderei descobrir alguma coisa. Pode haver vários outros bons candidatos disponíveis, mas se ficarem escondidos, obviamente seus telefones não vão tocar." Seu telefone começará a tocar quando você passar os fatos básicos a seu respeito na rede.

Isso não acontece apenas no mundo dos empregos e das carreiras. Donna Metzger, de Atlanta, conta a história do que ela chama de sorte "incrível" na venda de um par de bonecas da era colonial. Quando você examina a história, ela se torna menos surpreendente. A sorte fluiu para Donna Metzger, porque ela encontrou o fluxo rápido de eventos e deixou bem claro a todos exatamente o que queria.

As duas bonecas em questão tinham estado em sua família por muitas décadas, passadas de uma geração a outra, em uma longa progressão de avós e netas. No momento em que Donna as recebeu, elas precisavam de reparo e limpeza. Ela não queria assumir a tarefa sozinha, pois não tinha interesse algum em colecionar bonecas. Por outro lado, ela não queria jogar as bonecas fora, pois reconhecia que elas poderiam ter muito valor para um colecionador. Elas eram genuínas antiguidades feitas à mão.

Ela queria doar as bonecas ou vendê-las. O problema era que não conhecia colecionadores de bonecas. O passatempo não é tão popular quanto colecionar moedas ou selos. O que fazer?

Donna imaginou se seria o caso de colocar anúncios em jornais, mas adiou a decisão. Enquanto isso, comentou o dilema com seus conhecidos. Ela conhecia muita gente, estando sempre em meio a um rápido fluxo de eventos.

Donna tinha um elo fraco com uma mulher em um clube de tênis local. Essa mulher conversava frequentemente com o irmão por telefone — um elo forte. Durante uma dessas conversas, surgiu o assunto "antiguidades" ou "colecionadores", e a mulher mencionou as bonecas que estavam deixando sua colega de tênis, Donna Metzger, desorientada. O irmão achou engraçado ela comentar isso, porque conhecia uma ávida colecionadora de bonecas antigas, que era vizinha dele no subúrbio da Filadélfia, onde ele morava. E, assim, a cadeia se fechou.

A colecionadora de bonecas, que acabou por adquirir dois itens raros por um preço baixo, sem dúvida achou que tinha sido abençoada pela sorte, assim como aconteceu com Donna Metzger. Ambas devem ter saído por aí contando a história em tom de espanto: "Tive a maior sorte do mundo!" No entanto, será que foi realmente sorte? As duas eram elos terciários em suas respectivas redes de contatos. Ambas tornaram possível que a cadeia se fechasse por exporem a si mesmas e seus desejos a um grande número de pessoas.

Uma história muito parecida é contada por uma moradora de Connecticut. No caso dela, entretanto, o resultado do fluxo da sorte não foi meramente reunir uma compradora e uma vendedora de um artigo de colecionador. Foi reunir pai e filha.

A mãe dela havia morrido no parto. Seu pai, incapaz de cuidar dela, a passou para adoção. Ela não sabia quase nada sobre os detalhes da vida de seus pais e de sua infância. Desde a adolescência, vivia obcecada pelo desejo de reencontrar o pai que nunca conheceu. Agora, ela estava na casa dos 40 anos de idade e prestes a abandonar as esperanças de encontrá-lo. No entanto, era uma mulher naturalmente gregária. Estava envolvida em várias atividades, conhecia muita gente e comentava com frequência sobre sua longa caçada pelo pai biológico.

A cadeia começou a se formar exatamente da mesma maneira como aconteceu com as bonecas coloniais de Donna Metzger. Alguém falou com outro alguém e teve a mesma reação — "Engraçado você mencionar isso". No fim das contas, havia um homem que morava na Califórnia que muitas vezes falava sobre uma filha que ele tinha visto pela última vez ainda bebê. A idade dele e algumas outras pistas atendiam ao padrão descrito. E assim a cadeia se fechou.

"Que golpe de sorte!", todos comentaram. Porém, será que foi mesmo?

***

Procure o caminho mais rápido, onde os eventos fluem mais rápido. Especificamente o que isso significa? Significa fazer contato com as pessoas. Envolver-se. Não seja um eremita, que fica observando os acontecimentos passarem passivamente diante de si. Mergulhe nos eventos.

No trabalho, aconselha Eric Wachtel, esforce-se para se tornar conhecido dentro e fora da empresa. Participe de reuniões, mesmo as chatas. Junte-se a grupos de funcionários depois do expediente. Procure tarefas que o forcem a ir além do pequeno grupo de pessoas com quem você costuma interagir — sua "moita", como Wachtel chama. E sempre deixe bem claro quais são seus objetivos profissionais.

Na vida fora do trabalho, procure ser expansivo e ativo também. Como afirma Wachtel, não é necessário tentar ser o rei ou a rainha da popularidade local. Não dá para fingir vivacidade. Essa qualidade forçada é rapidamente detectada; o esforço é cansativo e, de qualquer modo, não é necessário. Se você é uma pessoa tranquila, então continue assim. O importante é conhecer muita gente e deixar claro quem você é.

Atividades em grupo são ideais: participação em corais ou grupos de defesa de ideais políticos, sejam quais forem seus interesses. Se você é adepto de uma busca solitária, como colecionar selos, pelo menos tente participar de clubes e convenções dedicados ao hobby. Além disso, vá a festas. Dê festas. Participe de comícios. Ou de manifestações. Se você se exercita para manter a forma, não o faça sozinho; entre para uma academia.

As pessoas consistentemente sortudas quase sempre encontram-se no fluxo rápido de eventos. Eu nunca conheci nenhum sortudo que fosse recluso ou solitário.

A Terceira Técnica
Procure avaliar os riscos

EXISTEM DUAS MANEIRAS QUASE certas de ser um perdedor na vida. Uma delas é assumir riscos idiotas, ou seja, riscos desproporcionais às recompensas almejadas. E a outra é não assumir risco algum.

Pessoas de sorte evitam os dois extremos. Elas cultivam a técnica de correr riscos de forma cuidadosamente ponderada.

Alguns acham que essa é uma técnica especialmente difícil de seguir. Em certos casos, até entendem seu valor de forma abstrata, mas consideram-se incapazes de colocá-la em prática em suas vidas diárias. Dificuldades em relação à importante Terceira Técnica estão entre as causas mais comuns de má sorte. Estude-a com cuidado.

$$***$$

Desses dois extremos improdutivos — assumir riscos desproporcionais ou não correr risco algum —, de longe o mais visto em nossa sociedade é o segundo. Um grande número de indivíduos nos Estados Unidos e na Europa Ocidental evita correr risco da mesma forma que evita picadas de abelha. Elas valorizam a proteção e a segurança acima de tudo. Como resultado, perdem algumas das melhores coisas da vida. E tendem a ficar pobres.

Considere o profissional moderno, produto típico de nosso tempo e lugar: ele entra na empresa logo depois de concluir o ensino médio ou a faculdade; teme o risco; nunca arrisca nada de novo; toma o menor número de decisões possível; não inova em nada. Chega pontualmente na hora toda manhã, faz precisamente o trabalho que lhe pedem para fazer, vai para casa pontualmente no fim do expediente. Trinta e cinco anos depois, ganha um belo jogo de caneta e lapiseira douradas e se aposenta, para nunca mais ser visto ou ouvido de novo.

Em nome de que tudo isso? Segurança. Foi isso que nosso profissional ganhou. Um salário que lhe deu condições de vida modestamente confortáveis e uma pensão que garante uma aposentadoria sem grandes preocupações. Essas são coisas boas, com certeza, mas onde está a alegria e o colorido da vida? Onde estão as grandes vitórias, os triunfos? Ficam faltando.

A educação e o condicionamento social tendem a nos fazer trilhar o mesmo caminho desse profissional. Aprendemos que correr riscos é uma tolice desnecessária. A ética puritana reprova o jogo e a especulação. Ela nos exorta a trilhar nosso caminho na vida buscando certezas: um pássaro na mão e tudo o mais.

Certamente você conhece a velha fábula sobre a corrida entre a tartaruga e a lebre. Crianças em idade escolar em todo o mundo aprendem essa fábula, porque supostamente ela ensina uma grande verdade sobre a maneira apropriada de projetar a vida. A tartaruga prudente e cuidadosa conserva seu capital — a energia — e ganha a corrida. A lebre desmiolada aposta todo seu capital em uma única onda especulativa, vai à falência cedo e perde. A moral, portanto, é que o melhor é escolher o caminho garantido do trabalhador diligente. Essa opção pode ser chata, mas é o caminho para a vitória. Assim diz o antigo ensinamento.

Contudo, será verdade? Não na vida real. O trabalhador obediente, que evita riscos, também evita a possibilidade de golpes de sorte. No fundo, esses trabalhadores diligentes não têm sorte.

Ou talvez seria mais correto dizer que muitos deles são neutros em termos de sorte. Eles não são afetados nem pela boa nem pela má sorte em grau apreciável. Suas vidas dificilmente mudam. Nada acontece.

Talvez você esteja lendo este livro porque considere que essa tem sido a história de sua vida até agora. Você não necessariamente tem sonhos grandiosos de se tornar estrela de cinema ou de faturar uma bolada de seis dígitos no mercado de ações. Você só quer que algo aconteça. Você quer eventos interessantes. Você quer mudar.

Todavia, nem mesmo a mudança vai acontecer a menos que você assuma algum tipo de risco. Lembre-se de nossa definição de sorte: acontecimentos que influenciam sua vida, mas que não foram criados por você. Para garantir que tais eventos acontecerão com você é preciso chamá-los para si — em outras palavras, arriscar o pescoço. Você não pode controlar o tipo de sorte que vai encontrar pela frente. Pode ser boa ou má. Se for má, existem passos a serem seguidos para se livrar dela. Vamos estudar esses passos mais adiante no livro. Por enquanto, o ponto a entender é que se você quiser que a sorte cruze seu destino e mude a sua vida, deverá estar disposto a aceitar a boa ou a má sorte. Essa é outra maneira de dizer que você deve assumir riscos.

***

No entanto, nossa cultura continua nos dizendo para não correr riscos. É um fato peculiar da vida nos EUA e, em menor medida, na Europa Ocidental, que algumas das pessoas mais avessas ao risco são justamente homens e mulheres cujo início de vida foi incrivelmente arriscado. Esse estranho fenômeno reforça a filosofia básica da ética do trabalho de nossa cultura e aumenta as pressões sociais que transformam gente demais em agentes antirrisco.

O que acontece é o seguinte: um homem ou uma mulher (até bem recentemente, na maioria das vezes, eram os homens) se envolve em algum tipo de especulação gloriosa no início da vida. Sua sorte é boa. A especulação compensa. Ele se torna rico e famoso. Jovens de todos os tipos procuram se aconselhar com ele. "Qual a receita para o sucesso?", perguntam os jovens que querem subir na vida. E o que responde o reverenciado sábio? Será que ele conta a verdade, que ele conseguiu tudo por pura sorte? Claro que não. Em vez disso, ele diz que conseguiu o sucesso por ser inteligente, dedicado, paciente, tenaz e todas essas coisas que constituem a ética do trabalho. Ele tenta fazer com que as pessoas acreditem que ele é realmente apenas um trabalhador diligente que por acaso conseguiu ir mais longe do que os outros.

E, estranhamente, a maioria das pessoas acredita nele. Talvez porque ele apresente razões aparentemente boas para evitar o risco. Uma vida livre de risco parece segura e confortável, e é isso que grande parte dos indivíduos escolhe quando não vê nenhum bom motivo para escolher outro caminho.

John D. Rockefeller, pai, foi um dos primeiros exemplos desse fenômeno. Na verdade, foi um exemplo tão bom que é praticamente uma caricatura dele.

O velho John D. ganhou sua fortuna apostando alto no negócio do petróleo. Começou a vida adulta como um jovem funcionário meio morto de fome em um negócio mercantil de Cleveland. Ele reconheceu imediatamente que sempre seria um funcionário meio morto de fome se a segurança fosse o princípio orientador de sua vida. Para elevar-se acima dos estratos de renda baixa ou média baixa, ele percebeu que teria de correr riscos. E foi isso que fez. Por meio de poupança e empréstimos, John D. conseguiu juntar um pouco de capital e mergulhou de cabeça em vários empreendimentos, incluindo a especulação de commodities. Ele teve algum azar, mas também teve sorte. Um ótimo golpe de sorte (resultado da orientação de Rockefeller de buscar o rápido fluxo de eventos) foi seu encontro com um homem chamado Samuel Andrews, um especialista no novo negócio de refino de petróleo. Rockefeller, na época, já estava acostumado com o risco, e a ideia de um jogo novo o atraía tremendamente. Ele e Andrews montaram uma refinaria de petróleo em Cleveland, contra um coro de vaias de homens de negócios mais sensatos, que tinham certeza de que era uma aposta absurda. Essa refinaria de Cleveland foi o núcleo da Standard Oil.

Ele era um tomador de risco de primeira grandeza. Rockefeller era um homem que enfrentava bem os desafios e convidava a sorte para que mudasse sua vida.

Entretanto, depois de ganhar suas primeiras centenas de milhões de dólares e de se tornar uma fonte nacionalmente conhecida de grande sabedoria sobre como ter sucesso na vida, ele mencionou a sorte? Será que aconselhava os outros a assumir riscos? Não. Ele lhes dizia que trabalhassem diligentemente.

Rockefeller se tornou famoso por escolher meninos pequenos e pobres — *caddies* em campos de golfe, jornaleiros nas esquinas — e dar sermões sobre a importância do trabalho duro, da parcimônia e da paciência. "Trabalhe muito, gaste com sabedoria, invista com segurança e deixe o tempo fazer o resto", ele solenemente instruía o menino pobre de olhos arregalados que o admirava. E depois Rockefeller tiraria uma moeda de dez centavos do bolso e a colocaria nas pequenas e sujas mãos do jovem aprendiz. "Economize dez centavos por dia", o magnata declarava, "e você será um homem rico".

Isso era um disparate perfeito, é claro. Supondo que o garoto teria 70 anos para viver, o capital total investido depois de uma vida inteira, seguindo o conselho de Rockefeller, seria US$ 2.555. Se o moleque tivesse sorte, os juros compostos a taxas flutuantes poderiam triplicar ou quadruplicar o montante para US$ 10.000, mais ou menos. Rico? O próprio Rockefeller ganhava esse dinheiro em um único dia.

Em qualquer caso, a charada de doar a moeda nada mais era do que um esquema sentimental de relações públicas. Foi inventado por Ivy Ledbetter Lee, o assessor de relações públicas de Rockefeller. O objetivo do jogo era mudar a imagem do velho John D. como alguém atrás de dinheiro fácil e, assim, atenuar uma tempestade de críticas públicas em relação a certas práticas empresariais da Standard Oil. Lee fez com que o muitas vezes odiado e xingado magnata tivesse sempre seus bolsos recheados com moedas de dez centavos. O valete do velho cavalheiro era instruído, de fato, a considerar as moedas de dez centavos tão importantes quanto qualquer item de vestuário. O idoso magnata não seria mais autorizado a sair da casa sem seu estoque de moedas, da mesma forma que não poderia sair sem as calças. Ele tinha de procurar meninos pequenos em qualquer lugar onde houvesse jornalistas presentes, distribuir as moedas de dez centavos e falar sobre a ética do trabalho. Ele devia esconder, com o máximo de cuidado, a verdade sobre seu sucesso impressionante: que ele era um tomador de risco que teve sorte.

E as pessoas engoliam isso. Incluindo, talvez, alguns desses menininhos que receberam as moedas e o conselho. Hoje, eles são homens de idade avançada. Aqueles que seguiram o conselho e se esforçaram na vida agora talvez possam se vangloriar de serem titulares de tímidas contas de poupança. Poucos são ricos. Alguns conseguiram alcançar picos de diversão ou de triunfo. Foi um bom conselho?

$$***$$

Já observamos antes que nos sentimos diminuídos ao admitir que nossas maiores conquistas resultaram, em grande parte, da sorte. É muito mais reconfortante para o ego dizer: "Eu consegui porque fui inteligente" — ou porque tive coragem, paciência e tudo isso. Sem dúvida, esse medo da diminuição foi uma das razões pelas quais o velho John D. Rockefeller evitava falar sobre risco e sorte.

Contudo, a razão mais importante — pelo menos do ponto de vista de Ivy Lee, o coreógrafo das relações públicas — foi que há algo muito "não puritano" sobre as apostas em geral. Enquanto Rockefeller assediava menininhos pequenos com moedas e conselhos — nas primeiras décadas deste século —, a Standard Oil estava envolvida em uma discussão acirrada sobre moralidade corporativa. A empresa foi alvo de sensacionalistas, que a acusaram de fixação ilegal de preços, monopólio na restrição do comércio, suborno de funcionários públicos e outras práticas repugnantes. Muitas das acusações não eram verdadeiras, e muitas outras, embora plausíveis, basearam-se em evidências bastante frágeis.

Porém, o público acreditava em muitas das acusações porque queria acreditar. O público queria acreditar porque odiava a Standard Oil, e odiava a Standard Oil, pelo menos em parte, porque o fundador e líder da gigante do petróleo, John D., enriquecera por sorte. Ele tinha jogado e vencido. E, nos Estados Unidos, isso pode ser um erro.

Muitas pessoas, especialmente trabalhadores diligentes, detestam jogadores de sucesso. Esse ódio todo se deve, em grande medida, ao fato de eles se odiarem por não terem tido coragem de assumir os próprios riscos. O homem de sucesso é rico, feliz e tem toda a diversão do mundo a seu alcance; representa tudo que eles poderiam ter sido. Buscando razões aceitáveis para não gostar dele, eles cultivam a noção de que jogar é, de alguma forma, algo impuro.

Esse foi um dos fatores que tornou a Standard Oil um alvo tão fácil para os sensacionalistas. Seu fundador e chefe era um homem das apostas, obviamente um sujeito de caráter inferior e não confiável. Ivy Lee, percebendo isso, inventou o jogo de doação de centavos como uma maneira de provar que o velho John D. não era um jogador. Claro que não! Ele era apenas um sujeito comum, um trabalhador esforçado, como seu vizinho!

Assim, a mentalidade antirrisco continua reinando. Mesmo os maiores tomadores de risco e os mais sortudos apostadores estão determinados a mostrar que não são nada disso.

Para um exemplo mais moderno, considere Thomas John Watson, o homem que fundou a poderosa IBM. Esse sujeito alto, magro, ascético e um tanto sisudo transformou-se talvez no principal evangelista mundial da ética do trabalho. Ele não parecia, não agia nem falava como alguém que já tivesse assumido algum risco na vida. Sorte? A palavra não fazia parte de seu vocabulário. Ele não permitiria que algo tão desorganizado como a sorte desempenhasse um papel em projetos com os quais estivesse associado.

"Planeje seu trabalho e trabalhe seu plano", ele dizia aos jovens que trabalhavam com ele e o imitavam. Esse era o caminho para o sucesso. A sorte não tinha nada a ver com isso.

O slogan mais famoso de Watson era "Pense". Placas com essa única palavra, em dezenas de idiomas, ficavam à vista em escritórios e fábricas da IBM em todo o mundo. O lema já foi mais longo e austero. Nos arquivos da empresa, fotografias muito antigas de reuniões de vendas mostram banners incitando os trabalhadores reunidos com os dizeres: "Trabalhe e Pense". Watson, pessoalmente, preferia um lema de três itens. Quando eu era um jovem repórter da *Business Week*, entrevistei Watson e fiz a pergunta usual sobre as raízes do sucesso, e ele apontou um dedo ossudo para mim e entoou solenemente: "Trabalhe, Pense e Planeje."

Também ajudaria, em sua opinião, ter uma camisa branca engomada e sapatos bem engraxados. Lembro-me de me contorcer todo durante essa entrevista, tentando esconder meus surrados mocassins para que ele não conseguisse vê-los.

Trabalhe, pense e planeje. Um homem que podia inventar um lema assim teria de ser um campeão dedicado da ética do trabalho. Pelo que sei, nunca houve campeão mais dedicado na face da Terra do que Thomas John Watson.

Todavia, Watson tinha chegado a essa posição por ser um jogador. Esse homem que afirmava que você poderia planejar o caminho da sua vida, esse homem que nunca mencionou a sorte, na verdade assumira alguns riscos selvagens em seus dias de juventude. A sorte o ajudara; ele venceu. Porém, como John D. Rockefeller antes dele, Watson cuidadosamente ignorava a ajuda da sorte quando jovens repórteres vinham entrevistá-lo.

Seu primeiro encontro com a sorte foi desanimador. Ele vendia máquinas de costura de porta em porta, conseguiu juntar algum dinheiro e abriu um mercadinho em Buffalo, Nova York. Principalmente porque, por acaso, foi aberta uma loja rival maior e com mais recursos nas redondezas na mesma época, o negócio de Watson rapidamente foi por água abaixo. Deve ter lhe ocorrido que nenhuma quantidade de trabalho, pensamento ou planejamento poderia ter evitado esse resultado sombrio. Quando jovem — quando estava com seus 20 e poucos anos — ele fora apresentado aos mistérios da sorte.

Em seguida, foi trabalhar como vendedor para a empresa National Cash Register. Depois de um começo incerto, conseguiu um emprego seguro. A estabilidade estava em suas mãos, mas ele não queria. Em vez disso, escolheu arriscar seu pescoço — e muito.

Foi uma aposta louca. Três pequenos fabricantes de máquinas de escritório se juntaram para criar a Computing Tabulating-Recording. A estranha companhia já começou perdendo dinheiro. Dois presidentes tentaram socorrê-la, sem sucesso. Sua dívida agregada totalizava três vezes seus ativos. A maior parte dos principais acionistas e diretores queria sair com alguns centavos sobre os dólares investidos, mas eles não conseguiram encontrar ninguém burro o suficiente para comprar suas ações. Desesperados, começaram a procurar por um novo presidente, alguém que soubesse alguma coisa sobre máquinas de escritório. O novo homem teria de ser um apostador.

O apostador que encontraram era um elo terciário na rede de conhecidos de alguém — Tom Watson. Ele tinha, na época, cerca de 40 anos de idade. Watson procurava por uma mudança na sorte e estava disposto a assumir um risco enorme para alcançar esse objetivo. Como Rockefeller no século anterior, Watson entendeu que ninguém enriquece ganhando salário. Se ele quisesse fazer uma mudança significativa em sua vida, teria de embarcar em uma aposta.

Assim, foi trabalhar para a empresa quase morta, a CTR. Ele concordou em receber apenas metade do salário em dinheiro. A outra parte seria investida nas ações da empresa quase sem valor.

Watson se colocara à mercê da sorte. É claro que ele poderia trabalhar, pensar e planejar o dia todo, mas o controle dele sobre o destino da empresa era limitado. A sorte estava no comando, como acontece com qualquer empresa fraca. A CTR poderia ter sido arruinada por milhares de possíveis eventos, sem nenhuma participação de Watson: mudanças econômicas, o aparecimento de um concorrente poderoso e assim por diante. Por sorte, tal evento não aconteceu. A CTR sobreviveu, prosperou e, finalmente, mudou de nome para IBM.

Lá em 1914, quando esse tomador de risco chegou à CTR, era possível comprar cem das ações ordinárias da empresa por menos de US$ 3.000. Na época em que Watson morreu em 1956, os dividendos das ações tinham multiplicado esse número de ações para 4.987, e elas valiam cerca de US$ 2.275.000.

E esse era um homem que nunca falou sobre a sorte.

***

J. Paul Getty sabia. Já idoso, Getty escreveu 34 artigos para a *Playboy*, contando aos leitores como vencer financeiramente em um mundo hostil, onde metade de seus amigos e parentes estava praticamente falida. "Ouça o velho tio Paul", Getty diria. "Você quer vencer na vida, meu rapaz? Então, faça como eu." E Getty listaria todas as virtudes da ética do trabalho que ele acreditava terem contribuído para sua impressionante fortuna. Tenha fé em si mesmo, ele pregava. Persevere. Seja parcimonioso. Tenha bons pensamentos. Pare de fumar. (Getty tinha orgulho disso.) Estude muito. Ria das tempestades da vida. Você sabe: essas coisas todas.

A *Playboy* publicava esses artigos em parte por causa do famoso nome de Getty e em parte porque ele detinha uma participação na empresa. Uma terceira razão — o homem merece crédito — era que ele escrevia com considerável graça e verve. Em algum momento de sua juventude, Getty quis ser escritor. Ele foi, provavelmente, o magnata de petróleo mais letrado do mundo.

Contudo, todas essas coisas sobre ficar rico por meio do trabalho, da parcimônia e da coragem eram um absurdo e, no fundo de seu coração, Jean Paul Getty sabia disso. "Foi tudo uma questão de sorte, não foi?", eu o desafiei certo dia com um humor malicioso. Ele respondeu simulando ter se alarmado com a pergunta: "Você me pegou!" Então ele disse, com sobriedade: "Bem, talvez. Sorte. Porém, quem admite que foi sorte? Como fazer um sermão sobre o assunto?"

Não dá para fazer um sermão sobre a sorte. No entanto, se você realmente quiser saber como Getty criou sua fortuna monumental, o fato é que ele e seus herdeiros devem tudo à sorte em sua forma mais pura, cega e selvagem.

Getty conseguiu vencer porque achou petróleo. Seu primeiro poço de teste — veja bem: seu primeiro poço — jorrava 720 barris por dia.

A virtude não tinha nada a ver com isso. Getty não estava sequer procurando petróleo muito a sério naquela época. Ele não planejava tornar o petróleo sua forma de ganhar a vida. Estava só se divertindo um pouco. Na faculdade, depois de brincar com a ideia de uma carreira literária, ele se interessou pelo serviço diplomático. Esse novo plano de carreira agradou seu pai, um advogado de Minneapolis que tinha conseguido algum sucesso com o petróleo em Oklahoma. Assim, o jovem Jean Paul fora enviado para Oxford, para se aperfeiçoar. Ele voltou para os Estados Unidos com um leve sotaque britânico e começou a procurar trabalho no mercado diplomático. Porém, distraiu-se com a diversão em Oklahoma. Getty decidiu atrasar o início de sua carreira no governo e provar parte da diversão por conta própria. Com uma participação modesta do pai, ele entrou no negócio — apenas durante um ano mais ou menos, pensou ele na época — para procurar poços de petróleo.

Jean Paul perfurou seu primeiro poço de teste bem perto da minúscula cidade de Stone Bluff, em Oklahoma. As razões para ter esperança de que podia jorrar petróleo desse ponto remoto não eram melhores do que as razões indicando milhões de outros pontos. Contudo, no início de fevereiro de 1916, aquele poço distante começou a despejar riqueza na conta daquele jovem tomado pela surpresa.

Foi assim que tudo começou. Ele e o pai fundaram a Getty Oil Company em maio de 1916, e o jovem Jean Paul tornou-se o homem mais rico da história do mundo.

Por que ele?

Parcimônia? Coragem? Diligência?

Nós sabemos o que foi. Sorte.

***

É essencial assumir riscos. Examine a vida de qualquer pessoa sortuda e, certamente, descobrirá que ela estava disposta, em algum momento, a assumir algum risco. Sem essa disposição, provavelmente quase nada de interessante vai acontecer com você.

Para ter um exemplo simples e comum, considere a loteria estadual ou a federal. Como todos sabem, e como os anúncios das loterias nos lembram o tempo todo, só ganhamos o prêmio se apostarmos.

Não é muito dinheiro. Um ou dois dólares e você pode apostar em qualquer estado norte-americano que tenha loteria. No entanto, mesmo esse pequeno grau de risco parece ser demais para muita gente. Aqueles que não fazem a aposta estão fadados a ficar à margem, observando com inveja à medida que outros mais ousados colhem os frutos de prêmios impressionantes.

Uma dessas pessoas de sorte foi Lula Aaron, uma avó de Nova York. Ela tinha o hábito de muitos anos de adquirir alguns bilhetes de loteria depois das compras de supermercado aos sábados. Ela parava em uma loja de bebidas perto de seu supermercado favorito e apostava de US$ 1 a US$ 5 ou um valor próximo, dependendo de seu humor no dia.

Alguns de seus amigos e vizinhos achavam que era tolice dela. As chances de ganhar eram mínimas, eles diziam. Comprar bilhetes de loteria era como jogar dinheiro pelo ralo.

A avó de 54 anos de idade respondia com o credo daqueles que não temem assumir riscos. "Eu costumava dizer-lhes que fazia as apostas porque gostava", explicou a um funcionário da loteria. "Mesmo sem ganhar, eu me divertia toda semana só em apostar. A diversão era saber que eu comprava uma chance de ganhar". Ou, dito de outra maneira, o ato de assumir esse risco mínimo todo sábado a colocava em posição de ganhar.

As pessoas que a criticavam se colocavam fora dessa posição por sua própria escolha. Lula tinha chance de ganhar, mas os outros estavam fadados a serem perdedores.

Eventualmente, ela acabou ganhando: US$ 10 milhões, ou 21 pagamentos anuais de US$ 476.000. Todos tributáveis, é claro, mas e daí? A Sra. Aaron, a apostadora dos sábados, estava rica.

Sem dúvida, muitos dos que a criticaram ficaram com inveja. "Algumas pessoas têm toda a sorte do mundo!", eles devem ter se queixado.

***

Porém, nem todo mundo está interessado em loterias, é claro. A necessidade de correr riscos se estende a todas as áreas da vida. Apaixonar-se, por exemplo. Se você quer experimentar as alegrias desse tipo de relacionamento, precisa estar disposto a enfrentar as possíveis mágoas também. Precisa estar disposto a assumir um compromisso emocional que pode acabar ferindo-o. É exatamente como jogar na loteria: se você não apostar, nunca poderá ganhar.

O Dr. John Kenneth Woodham, um psicólogo de Nova Jersey, observa que a relutância em assumir riscos é uma característica dessas pessoas infelizes que chamamos de "perdedores natos". Ele afirma: "Nem todos os perdedores têm essa aversão ao risco, mas esse traço é comum em pessoas que já enfrentaram muitas adversidades na vida."

Ele conta a história de uma paciente a quem atendeu pela última vez cerca de um ano atrás. Ele a chama de Louise, mas diz que não é seu nome verdadeiro. "Assim que ela entrou em meu consultório, adivinhei qual era o problema dela ou, pelo menos, uma parte dele: Louise tinha medo de agir. Ela caminhou e sentou-se cabisbaixa, evitando contato visual, até mesmo evitando falar sobre si mesma durante as primeiras sessões; quero dizer, ela falava, mas não sobre o que realmente importava. Louise não era direta. Tinha medo de correr riscos, mesmo com um terapeuta. Ela ficava fechada dentro de si mesma e se sentia segura."

A história de Louise foi revelada aos poucos. "Um tema dominante em sua vida", recorda o Dr. Woodham, "era um intenso relacionamento de rivalidade, amor e ódio com uma ex-colega de faculdade. Louise tinha 30 e poucos anos quando eu a tratei, mas a intensidade do sofrimento sentido por causa da disputa com a companheira de quarto parecia a mesma de quando eram mais jovens. Durante todos esses anos, Louise continuou a se comparar à colega — e, nessas comparações, Louise sempre perdia. A colega vivia o tipo de vida que Louise queria: glamourosa, colorida, variada e interessante. Ela alcançava todo o sucesso, os melhores empregos, as mais tórridas paixões. Louise tinha inveja dela e a odiava; depois odiava a si mesma por ser invejosa".

A vida de Louise era cinza e sem graça em comparação com à da colega. Ela vivia com sua mãe em uma cidade suburbana. Anos atrás, a colega de faculdade havia sugerido que elas dividissem um apartamento em Boston, mas Louise achou que era muito arriscado. Louise tinha um trabalho chato, mas estável, em uma companhia de seguros perto de sua casa. Ela não queria deixar esse ventre corporativo e procurar um novo emprego em Boston. E se ninguém quisesse contratá-la? Como pagaria o aluguel daquele apartamento? Ela teria de pedir dinheiro emprestado. Todavia, e se levasse um ano ou mais para encontrar um emprego com um salário bom o suficiente? O que faria então? Como conseguiria escapar das dívidas?

Ela estava tão preocupada em perder isso que foi incapaz de arriscar. Mais tarde, quando a colega estava prestes a abrir uma pequena empresa e convidou Louise para trabalhar com ela, Louise, novamente, não quis assumir o risco.

O mesmo problema sufocava seus relacionamentos com os homens. Já que nunca é possível ter 100% de certeza sobre uma pessoa que acabamos de conhecer, cada nova relação nos obriga a assumir riscos — às vezes grandes, às vezes pequenos. Louise nunca quis fazer aposta alguma, nem mesmo pequena. O Dr. Woodham não tem certeza absoluta disso, mas ele suspeita que os homens a achavam desnecessariamente desconfiada, tensa e sem resposta — o que não é o tipo de mulher com quem o homem médio gostaria de passar suas noites de sábado.

A colega de Louise não ganhou todas as apostas que fez, assim como Lula Aaron, a apostadora da loteria, também não ganhou os prêmios. Porém, Lula se colocou em posição para ganhar, e esse posicionamento valeu a pena. Ela terminou dona de um negócio de sucesso, ficou bem de vida, livre para viajar à vontade, casada com um homem que amava. Louise acabou presa em uma vida de solidão e tédio.

$$***$$

Uma das dificuldades de Louise, evidentemente, era que ela não tinha capacidade de avaliar a relação risco-recompensa em situações importantes de sua vida. Ou isso, ou ela não entendia a necessidade de fazer tal avaliação. Todos os riscos pareciam igualmente assustadores para ela.

Essa é uma receita para o mau posicionamento no mundo da sorte. É essencial estudar as relações de risco-recompensa. Quando determinado risco é pequeno e a potencial recompensa é grande, vale a pena assumir o risco e, assim, posicionar-se para vencer.

Um risco pode ser "pequeno" quer em termos de tamanho, quer em termos das probabilidades contra você. Um exemplo simples de um risco pequeno é fazer uma aposta em uma loteria estadual. Você gasta US$ 1. As probabilidades contra você são enormes. É praticamente certo que você vai perder esse dinheiro. Porém, já que é um valor tão pequeno, e uma vez que o prêmio potencial de seis ou sete dígitos é tão grande, o risco se justifica. Como observou Lula Aaron, você pode justificá-lo com base apenas na diversão.

Para um exemplo de um risco que é "pequeno" em termos de probabilidades, considere o ato de depositar seu dinheiro em uma conta de poupança. A recompensa almejada são os juros que você espera receber do banco, e o risco é que o banco vá à falência e você perca o dinheiro poupado. Se o banco fechar, a Federal Deposit Insurance Corporation (FDIC) supostamente reembolsará os poupadores. Talvez até aconteça, mas só depois de um longo atraso e sem nenhum tipo de rendimento. Se vários bancos forem à falência ao mesmo tempo em uma espécie de colapso econômico mundial, então, haverá uma "corrida" na FDIC, e ela também fechará. Em uma catástrofe dessas, você provavelmente perderá cada centavo de seu depósito.

Contudo, o risco de esse triste desfecho acontecer é muito pequeno. Esta situação é exatamente o oposto da aposta da loteria. A recompensa que você procura — os rendimentos pagos pelo banco — são pequenos. Porém, as probabilidades contra você são mínimas. Assim, embora possamos estar falando de altos montantes de dinheiro — as economias de uma vida inteira — você ainda pode considerar o risco "pequeno" e pode justificá-lo.

Nem todas as situações são assim tão bem definidas, é claro. Na verdade, poucas são. A vida é uma combinação de escolhas nebulosas. Uma característica das pessoas consistentemente sortudas é que elas conseguem avaliar bem as relações risco-recompensa, mesmo em meio à confusão e à ambiguidade.

Alguém como Louise, que não tem essa habilidade, pode considerar todos os riscos muito parecidos. Se algum curso de ação envolver *qualquer* grau de risco, então deverá ser evitado a todo custo.

Uma pessoa avessa ao risco como Louise, portanto, evitará até mesmo apostas em que eles são pequenos. Por exemplo, a recusa de Louise em abandonar um emprego seguro para procurar trabalho em Boston. Nesse caso, a recompensa potencial era grande, um grande pacote de vantagens sortidas: um emprego melhor, mais dinheiro, mais diversão, programas mais estimulantes em um ambiente urbano, entre outras. Havia risco envolvido, e isso assustou Louise.

Entretanto, qual era o risco? Na verdade, nem era tão grande assim. A pior coisa que poderia acontecer seria ela ficar sem emprego durante alguns meses. Ela teria de usar suas economias e pedir dinheiro emprestado para pagar as contas. Certamente, não é uma calamidade, apenas um inconveniente. Ela não desapareceria da face da Terra. Não há devedores presos nos Estados Unidos. Ela não morreria de fome durante o período de pouca sorte. Além disso, havia mais chances de esse período ruim — se ele viesse a acontecer — durar apenas algumas semanas. Como uma jovem qualificada com muito a oferecer, provavelmente ela não precisaria esperar muito antes de conseguir um emprego.

Era um risco que valia a pena correr. Poderia ter resultado em a uma grande vitória.

$$***$$

E existem também aquelas pessoas que cometem o erro oposto: assumir grandes riscos para obter pequenos ganhos. Esses são indivíduos muito mais interessantes do que aqueles como Louise e, como resultado, nós ouvimos várias histórias sobre eles. A vida monótona de uma Louise não é interessante, e sua única contribuição à ficção é a de inspirar uma série de romances e contos chatos em que nada acontece. Notícia mesmo é quando um equilibrista caminha entre arranha-céus na corda bamba. E pode virar ficção emocionante, também. Algumas das melhores obras de ficção do mundo, entre peças, romances e filmes, envolvem riscos loucos em Monte Carlo, Wall Street, no pôquer, na guerra e no amor.

Contudo, na vida real, pessoas assim não são tão comuns quanto as avessas ao risco. Há pelo menos dez homens e mulheres como Louise para cada apostador afoito.

Os afoitos também são menos compreendidos, o que pode ajudar a explicar por que os achamos fascinantes. Não é preciso ser psiquiatra para adivinhar os motivos que levam alguém a evitar riscos. A síndrome de evitar riscos decorre do medo excessivo de se machucar, muitas vezes como resultado de passar por sofrimento pessoal no passado ou ver um ente querido sofrer. Geralmente, é simples assim. Porém, o que torna alguém um apostador compulsivo, que aposta o dinheiro do aluguel sem nenhuma garantia de sucesso? Que estranho ímpeto faz uma mulher escalar montanhas perigosas apenas para alcançar o topo?

Ninguém sabe. Existem muitos psicanalistas e outros profissionais que dizem que sabem, mas não é verdade. O que sabemos com certeza é que alguns anseiam o risco como outros anseiam o álcool ou as drogas. Esses viciados em risco costumam perder, assim como aconteceu com Louise, só que de forma mais espetacular.

Um desses indivíduos era Joe Kennedy Jr., o irmão mais velho do presidente John F. Kennedy. Joe era um tomador de risco compulsivo. Ele estava sempre envolvido em cenas bizarras — por exemplo, atravessar a nado um rio gelado e turbulento que poderia facilmente tê-lo afogado, só para ter o gosto de dizer que o fizera. Ele perdeu muito dinheiro especulando no mercado de ações, arriscando grandes montantes em empreendimentos com probabilidades de sucesso terrivelmente baixas. A sorte dele estava marcada para acabar mais cedo ou mais tarde, e, de fato, acabou. Aos 29 anos de idade, durante a Segunda Guerra Mundial, ele foi voluntário para voar em uma missão de bombardeio quase suicida contra uma instalação de foguetes alemã. Joe disse a um amigo que as chances de sucesso eram de apenas 50%-50%. Ele nunca retornou da missão.

O que atrai as pessoas para tais riscos temíveis? Os psicanalistas especulam sobre a existência de um "desejo de morte", mas essa estranha motivação ainda não foi demonstrada de forma convincente. Provavelmente não existe, exceto em alguns poucos indivíduos bastante peculiares. Ela decerto não é um traço comum entre os humanos. Tampouco é o desejo de morte secundário que os analistas atribuem aos jogadores compulsivos — o suposto desejo de perder. Na teoria freudiana, um jogador pode querer perder porque ele quer ser punido por algum pecado ou fracasso real ou imaginário, geralmente um pecado fantasioso, de orientação sexual, supostamente cometido na infância.

Bem, talvez seja isso. Espero que eu possa ser perdoado por duvidar. Em todos os anos em que me dediquei ao estudo sobre a sorte, em todas as passagens que fiz por Wall Street e por diversos cassinos, nunca conheci um jogador que quisesse perder. Nunca. Duvido muito que essa pessoa exista.

Pelo contrário, todos os jogadores querem ganhar — incluindo os tomadores de risco patológicos que estão sempre apostando pesado contra todas as probabilidades e perdem. *Todos* eles querem ganhar. Os mais compulsivos — os que dão tiros no escuro e os perdedores crônicos — são conhecidos por ficarem enlouquecidos de alegria quando ganham. Eles cantam e dançam, abraçam estranhos, entram em bares e saem pagando rodadas de bebida para todo mundo. Esse não é o comportamento de alguém que secretamente queira perder.

O que realmente parece impelir um tomador de risco assim não é o desejo de perder, mas exatamente o oposto: um anseio desesperado por experimentar uma grande vitória. Deve ser uma *grande* vitória: uma aposta com chances de vinte para um no turfe, uma aposta do mercado de ações que pague uma recompensa de seis dígitos. Sucessos modestos não são suficientes para o tomador de risco compulsivo. Ele é como um viciado em heroína que começou injetando pequenas quantidades da droga, ficou dependente, desenvolveu tolerância e agora só consegue satisfação se injetar grandes quantidades.

Estudos da Universidade Johns Hopkins confirmam essa conclusão. No Centro de Aconselhamento de Jogadores Compulsivos daquela universidade, os funcionários dizem que nunca observaram nenhum "desejo de perder" generalizado entre seus pacientes. O grupo também não identificou nenhum tipo de personalidade especial como sendo particularmente propensa a enfrentar este problema. Porém, de acordo com a administradora de projetos Sandra Leavey, existem "pontos em comum" nas vidas de muitos pacientes.

Dois desses pontos comuns valem a pena serem analisados. Em primeiro lugar, o risco é aceito como uma experiência positiva (o jovem que foi com o pai assistir à corrida de cavalos ou ouviu uma tia favorita falar sobre como Las Vegas é divertido). E, em segundo lugar, o tomador de risco compulsivo que obteve uma grande vitória no início de sua carreira como apostador ou especulador.

Assim, talvez, um desejo exagerado de jogar tenha se estabelecido. Primeiro, o futuro jogador compulsivo aprende com uma tia admirada que jogar é bom. Isso é o oposto da desaprovação puritana e dos sermões sobre segurança e estabilidade que a maioria das pessoas ouve quando criança, e define o cenário, *permitindo* que o tomador de risco neófito desfrute do prêmio sem nenhum sentimento de culpa ou incerteza. Então, quando esse jovem tomador de risco ganha uma bolada, ele recebe uma injeção de um milhão de volts de puro prazer do jogador e fica fisgado pelo resto da vida.

***

Qualquer um que esteja tão completamente viciado em assumir riscos de forma compulsiva provavelmente não mudará com a leitura de um livro ou ouvindo uma palestra. Jogadores e especuladores compulsivos sabem que seu comportamento é autodestrutivo sem necessidade de ouvir isso de ninguém. Tudo que eles precisam fazer é olhar para suas próprias contas bancárias para ver que não estão com sorte. Como regra geral, alguém viciado assim precisa de ajuda especial fornecida por organizações tais como os Jogadores Anônimos (JA). Os membros do JA, por estarem completa e pessoalmente familiarizados com os problemas dos jogadores compulsivos, são mais bem equipados para ajudar uns aos outros.

Mas, estatisticamente, se você acha que a boa sorte está evitando encontrá-lo, é muito mais provável que esteja pendendo na direção de assumir poucos riscos, em vez de assumir muitos. O que você precisa é aprender a técnica de colher riscos.

A partir de agora, procure os riscos. Comece devagar. O grau mínimo de risco ao qual você deve se expor está associado a uma loteria estadual típica, em que pequenas quantias são apostadas contra todas as probabilidades na esperança de alcançar recompensas monumentais. Aposte uns trocados de vez em quando. Não fará mal algum.

Se, por acaso, tiver chance de participar de um bolão, não a desperdice. Jogue bingo na comunidade local de vez em quando. Arrisque algumas moedas nos caça-níqueis, se tiver oportunidade. Compre rifas.

O objetivo é se acostumar com a ideia de correr riscos e ficar à vontade com a visão de si mesmo como um tomador de risco prudente.

Corra alguns riscos em sua vida pessoal. Fuja da rotina — muito comum, por sinal — de automaticamente se afastar de todo tipo de risco. Em vez disso, avalie o risco e determine se ele é realmente tão grande quanto você supõe. Se for, e se a recompensa esperada for pequena, então tudo bem, não assuma o risco. Mas se for pequeno e a recompensa potencial for grande, não hesite e faça a aposta.

Esse tipo de avaliação de risco pode se tornar importante em todos os tipos de situações. Casos de amor, amizades e relacionamentos de negócios potencialmente grandiosos, em geral, começam com a necessidade de assumir algum risco em relação à outra pessoa. Novas oportunidades de carreira quase sempre envolvem risco. Se você insistir em esperar por situações livres de risco, provavelmente estará condenado a esperar, como Louise. E esperar. E esperar.

Depois de se habituar ao risco, pense em aumentar a dosagem. Não guarde todo seu dinheiro no banco. Pegue um panfleto sobre o mercado de ações. Invista no novo negócio promissor de um amigo. Você não precisa apostar todo o dinheiro que tem; isso criaria uma relação de risco-recompensa inaceitavelmente alta, o tipo que representa uma atração fatal para os membros do grupo de JA. Contudo, é preciso dominar seu medo do risco.

Não importa como você define o sucesso, o risco é um ingrediente necessário de qualquer vida bem-sucedida. O risco coloca você em posição para vencer.

A Quarta Técnica
Saiba a hora de parar

"Não abuse da sorte", diz o velho ditado. Somente os sortudos realmente entendem o que isso significa.

Os azarados, em geral, aprendem a lição por meios violentos, mas ela raramente parece se fixar. Quem não tem sorte costuma violar esse ditado várias e várias vezes seguidas.

Por exemplo, um pobre casal quase ganhou uma pequena fortuna em Wall Street, alguns anos atrás. Sua história foi contada por um executivo de contas do Merrill Lynch. Como a maioria das histórias sobre a aplicação inadequada dessa Quarta Técnica, esse é um relato que pode fazer você chorar.

Esse casal na faixa dos 40 anos atuava no mercado de ações havia muito tempo, com resultados desanimadores. Anos atrás, ela herdara cerca de US$ 100 mil do pai. Ela e o marido decidiram investir na bolsa, na esperança de fazer o bolo crescer. Observando a Terceira Técnica, estavam prontos para assumir o risco. Pena que desconheciam as outras técnicas. Seus US$ 100 mil logo caíram para cerca de US$ 50 mil.

Então, no final da década de 1970, surgiram os primeiros sinais de que a sorte deles tinha mudado. O casal vivia e trabalhava em torno do negócio da televisão e, um dia, inadvertidamente, a mulher ouviu uma conversa sussurrada e tensa entre dois executivos da rede. A conversa tinha a ver com um homem chamado Chuck Barris, produtor de conhecidos shows de talento e de perguntas e respostas nos Estados Unidos, como o *The Dating Game* e *The*

Gong Show. A pequena empresa de Barris, a Chuck Barris Productions, tinha ações negociadas na bolsa desde o início da década de 1970. Suas ações ordinárias eram negociadas no mercado de balcão, mas sem grande entusiasmo. Nos cinco anos que precederam 1978, 87 centavos por ação foi o preço mais alto alcançado e, na maioria das vezes, era possível comprá-las por 25 centavos ou menos — se alguém tivesse interesse nelas.

A essência da conversa que ela ouviu sem querer, no entanto, era que mudanças incríveis estavam acontecendo na Chuck Barris Productions. As mudanças eram do conhecimento até então de apenas um grupo pequeno e discreto de pessoas. Logo o boato se espalharia pela comunidade do showbiz em geral, e, em seguida, era bem provável que o preço das ações no mercado disparasse.

A mulher correu para casa para contar a novidade ao marido. Durante vários dias, eles verificaram as informações discretamente. Pareciam ser verdadeiras. Circulavam boatos de que a pequena empresa de Barris desfrutava de prosperidade incomum e tinha planos de expansão ambiciosos.

O casal ligou para seu corretor. Ele digitou o símbolo de negociação das ações, BCHK, em seu terminal e ficou surpreso ao saber que o preço de compra tinha mais que dobrado no mês anterior. Agora estava cotado a US$ 2. O casal ficou animadíssimo com a perspectiva. O corretor fez as recomendações usuais contra a compra de ações com base apenas em boatos, mas eles acharam que tinham sido suficientemente prudentes, verificando a veracidade da história com cuidado antes de ligar para o corretor. O casal acreditava que uma genuína e exclusiva maré de sorte caíra do céu sobre eles.

Durante um período de algumas semanas, investiram cerca de US$ 25 mil na BCHK. Esse era cerca de metade do valor total de sua conta na corretora. Parecia uma grande quantia para se apostar. Na verdade, chegava perigosamente perto do estilo ousado de um jogador compulsivo. Porém, eles estavam no mercado fazia tanto tempo sem recompensa alguma que se sentiram obrigados a correr atrás de uma grande vitória.

No final das contas, a BCHK foi uma compra ainda melhor do que esperavam. Por pura sorte, estavam diante de uma das raras situações em que, por um breve instante de luz, tudo que uma empresa toca vira ouro. A Chuck Barris Productions parecia incapaz de errar. Todas as apostas vingaram. Mesmo os projetos mais inexpressivos compensaram. Eles ganharam muito dinheiro.

E o preço das ações disparou. Depois de pagar pouco mais de US$ 2 por ação, o felizardo casal viu o preço saltar para US$ 9 em menos de um ano. Eles tinham quadruplicado seu investimento em um período de poucos meses.

"Venda!", recomendou o corretor.

Ele estava certo. Eles deveriam ter vendido. Estavam desfrutando de uma maré de sorte. Como quase todos os sortudos percebem instintivamente ou aprendem com a experiência, as marés de sorte sempre terminam mais cedo do que você espera. Às vezes, essas marés são longas; muito mais frequentemente, são curtas. Como a gente nunca pode prever quando elas vão acabar, a única coisa sensata a fazer é preservar seus ganhos caindo fora no início do jogo. É *sempre* melhor supor que a maré de sorte será breve. *Nunca* tente forçar a barra. *Não abuse da sorte.*

No entanto, o casal não conseguia cair fora. Eles estavam obcecados pela ganância. "Se o preço dessa ação quadruplicou uma vez", disseram, "logicamente pode quadruplicar de novo, certo?".

Certo. *Havia* essa possibilidade. Contudo, as chances eram remotas. É sempre um erro apostar no longo prazo. Na verdade, a maioria dos sortudos teria vendido as ações muito antes de elas chegarem a US$ 9 por ação. Tendo comprado US$ 2 dólares, muitos teriam vendido a US$ 4. Eu certamente as teria vendido quando chegaram a US$ 6 dólares. Dobrar ou triplicar o montante em poucos meses já é abusar muito da sorte. Embora o preço tenha subido para US$ 9 depois, teria sido irracional *esperar* esse resultado ou mesmo torcer por ele. A abordagem racional teria sido supor que a maré de sorte seria breve e que teria fim em US$ 4 ou US$ 6 dólares.

A ganância apoderou-se do casal, que não vendeu as ações. Em menos de um ano, o preço despencou novamente para US$ 4. Eles continuaram firmes, na esperança de que a sorte da empresa melhoraria novamente. Não melhorou. Por fim, o casal acabou vendendo as ações por 75 centavos. Eram perdedores de novo.

***

Jamais suponha que a maré de sorte será eterna. Você quase sempre estará certo. A lei das médias está de seu lado.

A maneira mais simples de ilustrar isso é calcular a probabilidade matemática no lançamento de uma moeda. Se você lançá-la 1.024 vezes, existe a probabilidade de haver um longo período em que dê cara nove vezes seguidas. Mas haverá 32 períodos curtos em que a cara aparecerá voltada para cima quatro vezes seguidas.

Qual é a melhor forma de apostar? Nos períodos curtos, é claro.

Vamos dizer que você apostou dinheiro nisso. Você aposta que dará cara. A moeda é lançada. Deu cara quatro vezes seguidas e você ganhou algum dinheiro. O que você faz?

Acredita que está no começo de uma longa maré de sorte, talvez uma série de nove caras seguidas? E você, portanto, continua apostando dinheiro livremente, rezando por uma grande vitória? Esse seria o processo mental do perdedor típico.

Ou você supõe que essa maré de sorte será breve, como a maioria? E você, portanto, para de apostar seu dinheiro e o guarda no bolso? Essa é a reação dos sortudos.

Sempre saiba a hora certa de parar. Claro, haverá momentos em que você vai se arrepender de tê-lo feito. A maré de sorte continuará sem você, e você vai ficar com inveja, assistindo a todos os felizes jogadores que continuaram no jogo. Todavia, estatisticamente, tais resultados sombrios tendem a não acontecer com tanta frequência.

Ou seja, você ficará grato por ter caído fora antes muito mais vezes. As pessoas ficarão intrigadas quando você sair, vão chamá-lo de bobo e tentarão convencê-lo a continuar apostando. "A maré ainda vai continuar!", eles dirão. "Olhe só como você está perdendo toda a diversão!" E, então, o barco afunda.

Uma característica peculiar dos genuinamente sortudos — pelo menos parece peculiar até você analisá-la — é que muitas vezes eles parecem pessimistas. Porém, não é pessimismo; é só uma questão de saber parar. É uma abordagem racional a um mundo de eventos imprevisíveis e incontroláveis.

$$***$$

Um problema é que marés de sorte longas viram notícia e são alvos de comentário. Se você aposta em corridas de cavalo e tem um dia mais ou menos, vai esquecê-lo rapidamente. No entanto, se você tiver um daqueles dias em que todos os cavalos correm para seu benefício, sem dúvida perturbará a paciência de seus amigos com a história por um longo tempo. Ouvimos mais sobre vitórias espetaculares do que sobre as pequenas — e incrivelmente mais comuns. Isto pode nos iludir a pensar que as grandes vitórias são mais alcançáveis do que realmente são. Pensamos: "Bem, se todas essas histórias são verdadeiras, talvez haja uma grande vitória por aí esperando por mim."

Então, forçamos a barra, abusamos da sorte — e afundamos.

Os cassinos sempre divulgam as grandes vitórias e as longas marés de sorte, porque sabem que essas histórias adoráveis terão dois efeitos principais: em primeiro lugar, trazer novos clientes; e, em segundo, incentivá-los a tentar a sorte um pouco mais. No antigo e romântico jogo da roleta, por exemplo, uma das apostas mais populares é o vermelho ou o preto, *rouge ou noir*. As probabilidades matemáticas são exatamente as mesmas que no caso de uma moeda lançada. Todas as noites, em qualquer cassino, dá vermelho — três ou quatro vezes seguidas — centenas de vezes. Nenhum deles se dá ao trabalho de divulgar essas vitórias, mas nas raras ocasiões em que ocorre um período mais longo — dez ou 15 seguidas — certamente não perdem a oportunidade de espalhar a notícia.

Dizem que uma vez, em Monte Carlo, deu vermelho 28 vezes seguidas. A história pode não ser verdadeira, mas não é inconcebível. Marés de sorte, mesmo as mais fantásticas, de fato acontecem. Entretanto, o importante é ter em mente que elas acontecem muito raramente. Se você insistir em esperar por elas, a pressão sobre seu capital de jogo será grande demais. Você ficará sem um tostão antes que a maré de sorte mais longa se concretize.

Na lei das probabilidades, você teria de girar a roleta cerca de 268 milhões de vezes para ter uma chance igual de dar vermelho 28 vezes seguidas. Se você insistisse em esperar que essa maré de 28 chegasse, teria de assistir passivamente a um montão de dinheiro ir pelo ralo.

Claro que é bom sonhar com apostas desse tipo, se sairmos vencedores. Se você começasse com uma aposta de US$ 10 e deixasse o dinheiro correr solto, fazendo-o duplicar cada vez que a roleta girasse, terminaria a sequência de 28 rodadas com cerca de US$ 1,5 bilhão. Isso é consideravelmente mais do que o valor líquido de qualquer cassino em funcionamento. As regras dos cassinos sobre o tamanho permitido das apostas proibiriam tal resultado, mas imaginar um resultado assim certamente representa uma fantasia e tanto.

Por outro lado, se você deixasse o dinheiro direto no vermelho para a 29ª rodada, perderia o bolo todo de US$ 1,5 bilhão, incluindo os US$ 10 originais.

O problema com marés de sorte é que você nunca sabe quanto tempo elas vão durar. Quando a maré começa, você não tem como saber com antecedência se ela será longa ou se vai acabar na rodada seguinte.

Uma coisa é certa, no entanto: as marés breves são muito mais comuns do que as longas. O mais sensato é aproveitar a maré de sorte até que você tenha acumulado um bom ganho, sem exagero, evitar a ganância e cair fora logo.

E não se preocupe se a maré continuar sem você. Às vezes, isso vai acontecer e, quando acontecer, algumas pessoas acabarão com ganhos altíssimos, mas muito provavelmente vão apostar alto e perder tudo em um curto espaço de tempo, pois não são do tipo que aprecia a boa sorte consistente. Os consistentemente sortudos sabem a hora de parar.

Um dos conselhos mais antigos e errados que você ouve em Wall Street é: "Reduza as perdas, mas potencialize os ganhos." Não há nada de errado com a parte sobre cortar as perdas. Na verdade, vamos estudar isso na Quinta Técnica: Escolha a sorte. Porém, a última metade do velho ditado, a parte sobre potencializar os ganhos, é receita para a má sorte.

É claro que Wall Street não é uma roleta. Se você estiver apostando na roleta e deixar seus ganhos correrem soltos, tenderá a perder tudo instantaneamente quando der a cor errada. Marés de sorte não terminam tão abruptamente quando você está especulando em ações, imóveis, moedas raras ou outras entidades com preços variáveis que possam atrair seu investimento. Elas podem terminar de repente se você estiver muito endividado, isto é, suas especulações são financiadas com dinheiro emprestado. No entanto, se você é um especulador comum (como a maioria das pessoas), uma queda no preço de suas ações ou nas barras de ouro não vai necessariamente significar desastre total. Você não perde tudo. Perde apenas o valor inicial.

Com isso em mente, o velho ditado de deixar os ganhos correrem soltos parece até aceitável. Vamos dizer que você comprou um lote de ações. A empresa, Gee Whiz, é fabricante de bugigangas, cacarecos e outros produtos úteis, e seu corretor acredita que eles vão vender bem durante os próximos 12 meses. Ele mostra várias análises econômicas aparentemente portentosas para sustentar sua opinião. Então tudo bem, você decide arriscar e comprar ações da Gee Whiz a US$ 10 por ação.

Por pura sorte, o corretor e seus respectivos analistas econômicos estavam certos. O preço da ação avança para 15 dólares. Você está em uma maré de sorte. O que faz?

"Deixe seus ganhos correrem soltos", solenemente aconselha o sujeito do outro lado do corredor no trabalho. Esse perdedor crônico é tão consistentemente azarado que ele não pode sequer sair de um jogo de pôquer na sexta-feira à noite sem deixar todo o dinheiro do bolso na mesa. Ele nunca ganhou e realmente não entende o que correr solto pode significar de verdade. Todavia, ele sabe de cor todos os clichês e pode recitá-los em um tom aparentemente profissional.

Então você pensa: "Tudo bem, vou seguir o conselho e deixar essa maré de sorte correr solta até aonde ela quiser me levar. Vou até o fim! E, quando isso acontecer, vou pegar o dinheiro e cair fora."

É isso que você pensa. Parece lógico e fácil, especialmente fácil para o sujeito do outro lado do corredor, que nunca realmente fez isso.

O fato é, no entanto, que é bastante difícil. De fato, para a maioria é tão difícil que, efetivamente, é impossível.

O que acontece é que, tendo apostado no longo prazo, você se coloca em um estado psicológico em que nada mais serve. Você cai na armadilha de esperar o sucesso no longo prazo, que, nove em cada dez vezes, não vai acontecer.

Pouquíssimas pessoas realmente ganham dinheiro de forma consistente em Wall Street, e minhas observações me convencem de que esse é um dos principais motivos disso, se não for o único. Os novatos entram no mercado, ouvem conselhos tolos sobre deixar os ganhos correrem soltos, tentam segui-los, se dão mal e, finalmente, saem de cena desanimados e cansados. Eles acabam com o dinheiro da poupança e dos fundos do mercado monetário — que, como vimos, não é a maneira certa de ter sorte. O processo de perder normalmente começa com o que poderia ser uma vitória modesta ou até mesmo um ganho muito bom. Você está sentado ali com seu punhado de ações da Gee Whiz, que comprou a US$ 10 por ação. O preço saltou para US$ 15, depois para US$ 20. Você já dobrou o montante investido! Realmente, você deveria sair do jogo nesse momento, mas está agindo de forma a deixar os ganhos correrem soltos. Você está de olho em um longo período de sorte. Talvez o preço chegue a US$ 30, você pensa, esperançoso. Assim, terá triplicado o dinheiro investido!

Infelizmente, o mercado de bugigangas e cacarecos cai, e os preços despencam de novo para US$ 15. Então você pensa: "Essa é a menor queda. Seria um erro cair fora agora e vender, e correr o risco de ficar para trás. Suponha que o valor quadruplique!"

Não quadruplica, cai para US$ 10, o preço que você pagou pelas ações. Nesse momento, você está furioso, se sente enganado. "Agora sim é que não abro mão do lucro!", você diz a si mesmo. "Essas ações vão se pagar! Vou me agarrar nelas até valer a pena!"

Daí o preço cai para US$ 5.

E é assim que nascem os perdedores. Bernard Baruch, um homem extremamente sortudo, soube a hora certa de vender todas as ações que tinha em meio a um mercado em alta e alarmado, em 1928. Ele ganhou muito dinheiro e não viu bons motivos para continuar tentando ganhar mais. Muitos especuladores queriam mais. Obcecados por ganhos duradouros, todos entraram pelo cano no crash da Bolsa que começou em 1929.

Mais tarde na vida, Baruch ouviu a pergunta que todas as pessoas excepcionalmente sortudas ouvem. Qual era o segredo de seu sucesso? Ele respondeu: "Não ser ganancioso".

A Quinta Técnica
Escolha a sorte

"Reduza as perdas", é o que dizem em Wall Street.

Embora poucos possam fazê-lo bem ou de forma consistente, ainda assim é um bom conselho. E isso não se aplica apenas ao mercado de ações. Aplica-se a todos os lugares.

Florence Graham, mais conhecida pelo nome comercial Elizabeth Arden, com 30 e poucos anos, se viu sem saída. Ela era balconista e esteticista em um salão de beleza de Nova York. Os anos foram passando, o salário era miserável, e as perspectivas de avanço, nada animadoras. Ela queria sair e tentar outra coisa. Os amigos argumentavam com ela: "Você já investiu muito nesse trabalho. Por que abandoná-lo? Por que perder o que já tem? Fique por aqui. Talvez compense se você der tempo ao tempo."

Florence enfrentou uma decisão muito parecida com a de um investidor de Wall Street com ações em baixa. Será que ela deveria segurar as pontas e esperar uma melhoria na sorte algum dia em um futuro desconhecido? Ou será que deveria reduzir as perdas imediatamente, abandonar o investimento e libertar-se para buscar melhor sorte em outro lugar? Ela decidiu reduzir as perdas. Assim, largou o emprego, abriu um negócio próprio e ficou milionária, poucos anos depois.

Pessoas sortudas têm o dom de fazer isso, e esse é um dos principais fatores que contribuem para a boa sorte. Esse dom não é fácil de adquirir. O pessoal de Wall Street muitas vezes fala como se fosse, assim como muita gente, o sujeito do outro lado do corredor, eternamente preso em um lamaçal de má sorte. Se ter esse talento fosse fácil, muitas outras pessoas o teriam e seriam muito mais felizes. Não é fácil. Não vou enganar você. Porém, é um dom que você tem de adquirir se quiser ter sorte.

Ao entrar em qualquer novo empreendimento — um investimento, emprego ou romance — você não tem como saber seu desfecho. Por mais cuidadosos que sejam seus planos, não é possível saber como eles serão afetados pelos eventos imprevisíveis e incontroláveis que chamamos de sorte. Se a sorte for boa, então o empreendimento dará certo e você terá sucesso. Contudo, e se a sorte for ruim? E se os preços despencarem no mercado de ações? E se a promessa aparentemente sem fim desse novo emprego desaparecer em uma reviravolta corporativa? E se seu caso de amor azedar quando um rival aparecer de repente?

A reação de sorte é esperar um tempo e ver se os problemas podem ser resolvidos ou se vão embora, e, então, se a resposta for não, pular fora. Reduza as perdas ao máximo. Isso é o que os sortudos normalmente fazem. Para colocar de outra forma, eles têm condições de escolher a própria sorte. Atingidos pela má sorte, eles a descartam, libertando-se para procurar melhor sorte em outro empreendimento.

Os azarados, ao contrário, estão sempre presos — às vezes, durante a vida inteira — em maus relacionamentos e empreendimentos que dão prejuízo. Esse tipo de pessoa normalmente se queixa de que o destino não foi gentil com ela, mas geralmente esse não é o problema. Os azarados não recebem mais cartas ruins do que os sortudos, mas esse geralmente não é o problema. A diferença é que os azarados não têm o dom de escolher a sorte. Incapazes de se livrar de uma mão ruim, eles só podem esperar e sofrer enquanto a má sorte torna-se ainda pior.

***

Uma das razões pelas quais escolher a sorte é tão difícil para a maioria das pessoas é que quase sempre envolve a necessidade de abandonar parte de um investimento. O investimento pode ser na forma de tempo, compromisso, amor, dinheiro ou qualquer outra coisa. Seja o que for, você deixa uma parte dele para trás quando descarta uma mão ruim.

Você compra ações a US$ 100, e o preço cai de repente para US$ 90. Na ausência de razões contundentes para pensar que a maré vai virar, você provavelmente deveria cortar suas perdas e vender as ações imediatamente. Só fazendo isso você pode liberar seu dinheiro para buscar melhor sorte em outro investimento. O problema é que o ato de descartar essa má sorte vai exigir que você abandone parte de seu investimento de US$ 100. Se você vender, deixará US$ 10 para trás.

Para alguns, isso é tão difícil que se torna impossível. O investidor azarado se convence de que não vale a pena. "As coisas não são tão ruins quanto parecem! O preço vai voltar a subir!" Assim, ele insiste. O preço cai para US$ 80. Agora, ele está preso em uma armadilha duas vezes mais difícil. Se ele não podia abandonar US$ 10, como é que vai abrir mão de US$ 20?" Ele está atolado em azar. Em vez de permitir que seu dinheiro partisse em busca de melhor sorte em outros lugares, ele o deixou preso nessa situação desfavorável, talvez durante anos.

Dois psiquiatras, Stanley Block e Samuel Correnti, estudaram o perdedor nato e descreveram suas características em um livro chamado *Psyche, Sex and Stocks*. Eles descobriram que a incapacidade de abandonar parte de um investimento é um dos maiores traços do perdedor. Deixar parte de si mesmo ou de seu dinheiro para trás é uma experiência que perturba todo mundo até certo ponto, mas o perdedor crônico fica mais afetado do que os outros.

E a aflição o paralisa. A menos que o perdedor a supere, é quase certo que ele continue a ser um perdedor — e um perdedor não apenas no mundo dos investimentos. Esse tipo de pessoa vai levar uma surra no pôquer, por exemplo. Para ter sorte nesse jogo, você *precisa* descartar as mãos ruins. Isso sempre significa que é preciso abrir mão do dinheiro que você já colocou na mesa, e isso dói — mas ou você faz isso, ou vai à falência. O perdedor não suporta essa ideia. Em vez disso, esse jogador azarado fica preso com as cartas que o destino e o crupiê lhe deram.

É provável que o mesmo perdedor fique preso em relacionamentos amorosos difíceis, essencialmente, pela mesma razão. "Dei tanto de mim nessa relação. Eu me empenhei tanto para que desse certo. Todo esse tempo, energia e compromisso — como eu poderia simplesmente abandonar tudo isso?"

E muitas vezes você encontrará o mesmo perdedor preso em situações de trabalho que foram atingidas pela falta de sorte. Eric Wachtel, o consultor de gestão e recrutador de executivos, observa que as pessoas às vezes se deixam cair nessa armadilha por preocupações que são realmente triviais. "A perspectiva da aposentadoria, por exemplo", diz Wachtel. "Certa vez, ofereci uma nova oportunidade profissional para uma colega que parecia promissora. Poderia ter mudado a vida dela. Ela estava estagnada no local onde trabalhava. Porém, não estava interessada. Ela disse: 'Não, eu tenho X anos investidos nesse emprego. Com mais alguns anos, irei me aposentar.' A aposentadoria não era muito boa, mas como minha colega não estava disposta a abrir mão dela, deixou passar a chance de uma vida melhor."

Wachtel relata que a mulher ficou sem saída no trabalho do qual ele tentou afastá-la. A má sorte virou a pior sorte. O desânimo se refletiu no trabalho, que ficou cada vez mais descuidado. Finalmente, ela foi demitida. Sem dúvida, a colega de Watchel se ressentiu da situação, mas poderia tê-la evitado.

***

Outra razão pela qual escolher a sorte é difícil para a maioria das pessoas é que muitas vezes requer uma dolorosa confissão: "Eu estava errado".

Voltando a Wall Street para um exemplo simples, digamos que você comprou ações a US$ 100 a ação e o preço caiu para US$ 90. Obviamente, a compra foi um erro. Certamente não foi um erro idiota. Ninguém pode prever o futuro. Você não pode, seu corretor não pode, assessores econômicos do presidente não podem e sua sobrinha de 5 anos de idade não pode. Comprar ações ou qualquer mercadoria cujo preço despenque algum tempo depois não é idiotice; é somente um exemplo da má sorte. Contudo, é um erro, e se você pretende reduzir as perdas, precisa admitir esse erro para si mesmo, seu corretor, seu cônjuge e talvez para outras pessoas.

Para alguns, isso é ainda mais difícil do que abandonar um investimento. A resposta do perdedor é procurar desculpas para não admitir o erro. "Eu estava certo em comprar essas ações. O tempo vai provar isso. O preço vai voltar a subir. Vou sair dessa parecendo inteligente no final."

Existe um exemplo trivial dessa dificuldade que você provavelmente já experimentou muitas vezes na vida. Você está em um carro com a família ou andando de bicicleta com amigos, indo para algum destino desconhecido. Chega a uma bifurcação na estrada. Na falta de orientações claras, você faz uma escolha aleatória. Anda mais um pouco. Começa a ficar evidente que escolheu o caminho errado. Em que momento você admite isso?

Alguns admitem que erraram rapidamente e recuam antes de perder mais tempo. Outros, porém, continuam rodando durante quilômetros. É muito difícil para eles admitirem o erro e descartarem a má sorte. Os homens parecem mais propensos do que as mulheres a esse tipo de dificuldade ao volante. Revistas femininas gostam de publicar caricaturas sobre essa peculiaridade masculina. Porém, em outros cenários da vida, as mulheres têm tantos problemas quanto os homens em admitir o erro e sair de uma situação ruim.

Sair de um caso de amor que não deu certo é outro exemplo. Um dos temas favoritos dos romancistas ao longo de séculos tem sido o de mulheres que precisam romper seus casos de amor, mas não conseguem. Quase sempre, na ficção e na vida, parte da dificuldade — um componente da armadilha — é a incapacidade de dizer "eu estava errada". Emma Bovary, a personagem de Flaubert, sabe que deve reduzir as perdas e retirar-se do infrutífero caso com Leon, mas ela não consegue encontrar forças para romper com o amado. A má sorte fica ainda pior, e, no final, ela se mata com veneno. A infeliz Anna Karenina, de Tolstói, tem má sorte semelhante em seu caso com o conde Vronsky. Ela finalmente decide acabar com o longo sofrimento jogando-se na frente de um trem.

Claro que não é tão fácil terminar um romance que deu errado quanto mudar de direção em uma estrada. Existem graus de dificuldade na seleção da sorte. Voltar para corrigir uma escolha errada de percurso é relativamente fácil para a maioria. Vender um mau investimento é mais difícil. Largar um emprego decepcionante pode ser ainda mais desafiador. Romper uma relação de amor sem futuro pode ser a mais árdua e complicada de todas essas medidas para cortar perdas.

Porém, essa é uma técnica que você tem de praticar se quiser ter boa sorte. Como não é possível prever o futuro, só há uma maneira de descobrir o que a sorte lhe reserva em determinada situação: entrar nela e ver o que acontece. Todavia, com a Quinta Técnica em sua caixa de ferramentas, você estará sempre pronto para dispensar a má sorte, se porventura ela atacar.

Já falamos sobre o pessimismo antes; entretanto, pode ser útil fazer agora uma outra análise desse estado de espírito difícil de definir. Alguns problemas envolvendo o pessimismo talvez tenham perturbado você em sua tentativa de entender a difícil Quinta Técnica.

Em nossos estudos da Quarta Técnica, que envolve saber a hora de parar, observamos que pessoas sortudas, muitas vezes, parecem se comportar de uma forma pessimista quando se trata de marés e golpes de sorte. Em vez de esperar longos períodos de sorte, elas esperam períodos mais curtos. As pessoas sortudas, em geral, caem fora antes de terem alcançado o pico.

Pessimismo semelhante parece estar envolvido na seleção da sorte. Se um otimista compra ações a US$ 100 e o preço cai para US$ 90, ele não se abala — ou pelo menos finge que não se abala. "Ah, eu não me importo!", diz ele, alegremente. "O preço vai voltar a subir! Tudo vai acabar bem no final!" Na mesma situação, um pessimista tende a pegar o telefone, ligar para o corretor e vender as ações.

Paradoxalmente, a abordagem do pessimista é, com mais frequência, a dos sortudos. O pessimista, que normalmente sai de cena quando os preços atingem uma queda de 10% a 15%, pode sofrer uma série de pequenas perdas enquanto espera um grande ganho. No entanto, ele tem duas grandes vantagens sobre o otimista. Em primeiro lugar, o pessimista nunca será surpreendido por um colapso financeiro de grandes proporções. Em segundo, ele nunca deixará seu dinheiro preso em uma situação de estagnação de longo prazo.

Muitos especuladores — em ações, commodities, moedas — caem fora automaticamente com uma queda nos preços de 10% a 15%. Essa venda programada atrai alguns investidores, outros não. Se essa estratégia será boa para você vai depender de seu temperamento. No entanto, só funciona no caso de entidades especulativas que têm preços de mercado bem definidos. Existem muitas outras áreas da vida e da sorte, é claro, em que não é possível chegar a tais avaliações precisas; qual é o valor de um emprego? Um caso de amor? Como dizer que o "preço" caiu 10%?

Obviamente, é impossível. Todavia, você pode dizer quando as coisas começaram a dar errado. E, quando isso acontecer, poderá se valer do mesmo pessimismo saudável que serve ao especulador de sorte.

Porém, agora é melhor fazer uma pausa e definir o que queremos dizer com "pessimismo". Como usado aqui, o termo não se refere a um estado de tristeza ou preocupação crônica, nem mesmo ao hábito de esperar que só coisas ruins aconteçam. O tipo de pessimismo que caracteriza os sortudos é realmente um estado bastante alegre. Como já observamos, "pessimismo" talvez não seja exatamente a palavra certa. "Realismo" pode ser um pouco melhor. Para defini-lo tão precisamente quanto possível no que se aplica à Quinta Técnica, trata-se do *hábito de evitar o otimismo infundado*.

Otimismo infundado é perigoso. Em Wall Street, é terrível. É o hábito ou a tendência de esperar que as coisas acabem bem, mesmo quando não há nenhuma razão concreta para isso.

A abordagem de sorte envolve insistir em ver as evidências. Digamos que você esteja em uma situação profissional periclitante. As promessas feitas quando você foi contratado não foram mantidas, ou seu mentor se aposentou cedo, ou o sobrinho do presidente da empresa foi transferido para seu departamento. Você foi atingido pela má sorte. O "preço" do emprego caiu. O que você faz?

O otimista azarado se agarraria à vã esperança. "As coisas vão melhorar! Vou dar tempo ao tempo. Tudo vai dar certo. Talvez seja melhor assim. Nada nunca é tão ruim quanto parece!"

Como um realista de sorte, você analisaria a situação de forma diferente. Você reconheceria, em primeiro lugar, que as coisas normalmente são tão ruins quanto parecem. Na verdade, às vezes, são piores. Você diria a si mesmo: "Estou disposto a ser otimista, mas preciso de provas." E, então, estudaria a situação. Será que existe alguma possibilidade de os problemas simplesmente desaparecerem? Ou você tem alguma esperança realista de corrigi-los? Se a resposta for sim, continue firme. Se for não, caia fora e procure melhor sorte em outro lugar.

***

Essa Quinta Técnica é sem dúvida uma das técnicas mais difíceis de dominar e, para algumas pessoas, certamente é *a* mais difícil de todas. É difícil, porque requer um tipo de pessimismo (ou realismo não sentimental) que não é natural para muitos. O que a torna ainda mais difícil é que existirão momentos em que, em retrospecto, você desejaria não tê-la aplicado.

Você compra uma ação por US$ 100. O preço despenca para US$ 85. Você vende. Em seguida, o preço salta para US$ 200. Isso dói.

Ou então, você pede demissão de um emprego sem nenhuma perspectiva de futuro. Imprevistos, em seguida, abruptamente mudam a cara da empresa. A pessoa que assumiu o seu cargo alça voos impressionantes e galga posições na hierarquia da empresa e alta remuneração. Isso também incomoda.

Ou você está jogando pôquer. É quase certo que perderá a rodada, então decide reduzir as perdas e desiste do jogo. Ao observar a rodada seguinte, você percebe que, contra todas as probabilidades, sua mão teria levado o bolão se tivesse continuado no jogo. Doloroso? Sem dúvida alguma.

No entanto, tais resultados desalentadores não acontecem tão frequentemente. É com muito mais frequência que vemos que o que começa mal continua mal — ou piora. Em uma situação que se deteriora a cada dia, sem nenhuma razão convincente para acreditar que as coisas vão melhorar, você está sempre certo em querer reduzir suas perdas e cair fora. Você está certo até quando, em retrospecto, descobre que estava errado.

Pessoas de sorte, como grupo, são capazes de viver com o conhecimento de que algumas decisões vão dar errado. Isso faz parte de seu hábito geral de aceitar o risco. "Você correrá riscos ao entrar e ao sair de um negócio", Bernard Baruch disse uma vez. "Se você fosse insistir em ter 100% de certeza, não seria sequer capaz de sair do lugar." Assim falou um homem extremamente sortudo.

A Sexta Técnica
Siga o caminho tortuoso

É UM PRESSUPOSTO FUNDAMENTAL da ética do trabalho que as pessoas devem ter objetivos e lutar para alcançá-los sem perder o foco. Somos aconselhados a nos concentrar em nossos objetivos, sem olhar para a direita ou para a esquerda, sem espaço para distrações. Essa deveria ser a rota certa para o sucesso.

Porém, eis um fato intrigante: as pessoas de sorte, em geral, não seguem sempre uma linha reta em direção a seus objetivos. Elas não só se permitem ter distrações como as recebem de braços abertos. Suas vidas não são linhas retas — são caminhos tortuosos.

Estar voltado para alcançar seus objetivos, segundo qualquer curso básico de psicologia atesta, é certamente muito bom em doses moderadas. No entanto, a vida dos sortudos parece dizer que é preciso tomar cuidado com exageros.

***

Vamos analisar o caso de Mary Garden, por exemplo. Ela começou sua carreira musical estudando violino. Em seguida, mudou para piano. Então teve aulas de canto. Ela assistiu a alguns ensaios de uma ópera em Paris e estava na plateia na noite de abertura, segurando o bilhete de número 113, quando a estrela da noite caiu doente. Mary Garden foi convidada para substituí-la e uma nova estrela nasceu.

Mais tarde na vida, ela falou sobre como é importante lutar para alcançar seus objetivos, da mesma forma que outras pessoas de sucesso costumam fazer. "Nunca perdi de vista o que eu queria fazer", Garden afirmou em sua autobiografia. Porém, não conheceríamos seu nome hoje se ela não tivesse perdido esse objetivo de vista pelo menos duas vezes. Se ela não tivesse trilhado um caminho tortuoso, teria mantido o foco na meta de se tornar violinista. Como a própria Garden afirmou, provavelmente não teria sido muito boa.

O caso de Harlan Sanders também é um bom exemplo. Ele viajou pelo mundo como uma bola de pingue-pongue, antes de encontrar sua grande chance. Sanders abandonou a escola na sétima série, trabalhou em vários empregos de menor importância, foi cobrador de bonde, piloto de balsa, vendeu seguros e só depois entrou no negócio de restaurantes. Em grande parte por sorte, ele encontrou uma receita e um método para produzir em massa um frango frito realmente saboroso. O Kentucky Fried Chicken do Coronel Sanders rapidamente se tornou um negócio multimilionário.

O caso de Ray Kroc também é representativo. Do mesmo modo, ele também seguiu caminhos tortuosos. Depois de abandonar a escola no ensino médio, Kroc pensou em seguir carreira na música. Ele tocava piano em algumas bandas itinerantes. Então, mudou de ideia e ganhou algum dinheiro vendendo imóveis na Flórida. Depois disso, a música o distraiu de novo, e ele trabalhou por um tempo como diretor musical de uma estação de rádio. Uma nova oportunidade de atuar com vendas o distraiu em seguida: Kroc caiu na estrada, vendendo copos de papel. Outra meta, então, apareceu para atrair sua atenção errante: a de ter seu próprio negócio. Ele se estabeleceu como representante de um fabricante, vendendo máquinas Multimixers que batiam milk-shakes.

E, finalmente, depois de tanto zanzar, Ray Kroc tirou a sorte grande. Um dia, para seu espanto, soube que um pequeno restaurante na Califórnia tinha adquirido oito de suas máquinas, muito mais do que qualquer outro estabelecimento. O restaurante estava obviamente em franca ascensão. Quando suas viagens o levaram para a costa oeste dos EUA, Kroc fez questão de parar no restaurante e ver qual era a grande atração.

A atração era uma nova versão particularmente deliciosa de uma antiga preferência nacional norte-americana: hambúrguer e batatas fritas. O nome do restaurante era McDonald's.

Kroc sabia identificar uma mina de ouro quando a via. Ele rapidamente formou uma parceria com os dois irmãos que eram os proprietários e operavam o restaurante. Dentro de alguns anos, sob a administração de Kroc, o nome McDonald's estaria conhecido em todo o país e, depois, no mundo todo.

Entretanto, Kroc também falou sobre a importância de nos concentrarmos em nossos objetivos mais tarde em sua vida, com ares de estadista. Na assim chamada "Universidade do Hambúrguer", em Elk Grove, Illinois, onde potenciais franqueados iam para participar de seminários sobre o negócio de fast-food, Kroc muitas vezes fazia sermões solenes sobre a ética do trabalho e a necessidade de manter o foco em nossas próprias metas. Seus discursos soavam estranhamente como os de outro grande aventureiro, Tom Watson, o fundador da IBM. Watson também gostava de discursar para estudantes em instituições administradas por empresas. A única diferença entre Watson e Kroc eram seus produtos; fora isso, os discursos eram intercambiáveis. Ambos salientavam a necessidade de trilhar seu caminho em linha reta, nunca desviando, vencendo todos os obstáculos como um trator.

É claro que parte do motivo de Kroc fazer essas palestras era que ele não queria que seus alunos buscassem objetivos fora do McDonald's. Todavia, ele parecia genuinamente acreditar que a determinação de objetivos é o caminho para o sucesso. Como Mary Garden, ele aparentemente esqueceu que devia sua incrível boa sorte em grande parte ao fato de que ele *não se esforçara* para alcançar um objetivo único e fixo quando mais jovem.

Se Mary Garden e Ray Kroc tivessem sido pessoas do tipo que trilha um único caminho em linha reta, talvez tivessem se conhecido em algum encontro de músicos pés-rapados. Podemos imaginar a cena: os dois perdedores idosos. Ela ganhando a vida dando aulas de violino para adolescentes entediados, enquanto ele toca um piano sem a menor graça em uma banda que é contratada para bailes e casamentos, isso quando consegue um trabalho.

"A vida é dura, Mary", diz ele melancolicamente.

"Sim, mas vamos encará-la dessa forma, Ray", diz ela, tentando animá-lo. "Não importa o que aconteça, você ainda terá a música. Essa sempre foi a coisa mais importante para mim. Ter um objetivo a alcançar!"

"É isso mesmo, com certeza!", afirma ele, animando-se. "Um objetivo!"

"Não é como tantos jovens sem rumo que vemos hoje em dia."

"Certo! Objetivos! Nós temos objetivos! Será que você não teria dez dólares aí pra me emprestar pra eu segurar as pontas até a semana que vem?"

***

Os sortudos, alertas à distinção entre sorte e planejamento, estão cientes de que a vida sempre vai ser um mar turbulento de oportunidades deslocando-se aleatoriamente em todas as direções. Se você colocar antolhos em si mesmo para que possa ver apenas em frente, perderá quase tudo.

É isso que os azarados normalmente fazem. Eles seguem rotas pré-planejadas, mesmo quando não estão indo a lugar algum ou estão descendo a ladeira rumo ao desastre. "Ah, eu não queria vender copos de papel. Eu sou pianista!" Assim se comporta um potencial perdedor. "Ah, eu não estou interessado em nenhum novo empreendimento, tenho minha vida muito bem planejada." Assim se comporta outro perdedor.

Planos de longo prazo não são realmente prejudiciais, mas é importante não levá-los muito a sério. Um plano pode ser usado como uma espécie de guia para o futuro, mas nunca devemos deixar que ele se transforme em lei. Se surgir algo melhor, você deve estar pronto para abandonar o plano antigo, imediatamente e sem arrependimento.

É isso que os sortudos conseguem fazer. Normalmente, eles fazem isso sem pensar muito. Como característica do grupo, eles instintivamente evitam ficar presos em seus próprios planos de longo prazo.

"Quando eu era mais jovem", disse Elizabeth Arden a um repórter da *Fortune*, "as pessoas me repreendiam por eu não ficar nos empregos por muito tempo. Pois ainda bem que não fiquei".

Foi realmente uma sorte danada: ela aprendeu estenografia e trabalhou nisso por um tempo. Teve outro emprego como caixa. Trabalhou também como assistente de dentista. Aos 30 anos, foi para Nova York e arranjou trabalho em um salão de beleza. Foi ali onde, finalmente, Arden aprendeu o ofício que iria torná-la famosa.

Como Mary Garden e Ray Kroc, ela se tornou famosa porque estava aberta a essas pequenas oportunidades que surgem quando a sorte bate à porta. Arden não insistiu em seguir em frente em linha reta. Se alguma coisa a atraía para algum lugar fora da trilha em que ela seguia, Arden desligava-se da trilha principal e começava em uma nova direção.

Isso não significa que você deve mudar toda hora só por mudar. Significa apenas que, se a sorte lhe chamar, você não deve rejeitá-la sumariamente simplesmente porque ela não se encaixa em algum plano preconcebido.

Se você insistir em seguir um plano, é provável que acabe se vendo no jogo mais triste do mundo — o jogo do "se ao menos eu tivesse". Esse é um jogo solitário, em grande parte jogado por perdedores em momentos de tristeza. Olhando para trás, eles conseguem identificar momentos decisivos em que poderiam ter se tornado vencedores. Poderiam — *se ao menos* tivessem tomado a decisão certa.

"Se ao menos eu tivesse entrado no negócio com meus dois amigos", lamentou um homem de meia-idade certo dia no Clube Forty Plus de Nova York. Ele era um vendedor do setor industrial especializado em software. Essa foi a profissão que aprendera quando jovem e fora o único percurso que trilhara em sua carreira até aquele momento. O objetivo que ele tinha traçado para si, em suas palavras, era "ser o melhor vendedor de software do mercado". Isso certamente parece um objetivo louvável. Seria aplaudido por todos os fãs da boa ética do trabalho. No entanto, esse objetivo nunca trouxe a esse pobre trabalhador nenhuma vantagem. Depois de uma longa sequência de momentos difíceis, seu cargo desapareceu em uma fusão, e ele se viu na rua com 55 anos de idade.

Ele não precisaria estar nessa situação. Anos atrás, dois amigos o haviam procurado com uma proposta atraente. Eles estavam em um estágio muito inicial de fundar uma agência de licenciamento. Esse era um empreendimento que tinha perspectiva de lucrar por meio da representação de personalidades do mundo dos esportes, estrelas de televisão e outros nomes famosos. Ele promoveria o uso desses nomes em produtos manufaturados, como roupas e brinquedos, cobrando comissões das taxas de licenciamento pagas pelos fabricantes. O negócio de licenciamento parecia estar crescendo rapidamente, e os dois empresários conseguiram descrevê-lo de forma bem interessante ao homem dos softwares. Eles já tinham alguns negócios engatilhados, garantindo praticamente um primeiro ano lucrativo para a empresa iniciante. Para um novo negócio, estava praticamente livre de riscos. Eles queriam que seu amigo, o homem dos softwares, se juntasse a eles e assumisse certas funções de marketing.

No entanto, ele só conseguia enxergar uma única direção. Ele era um vendedor de software, e não um agente de licenciamento, protestou. Essa nova empresa desviava-se demais do caminho que o homem antevia para si. E, assim, ele rejeitou a proposta. Rejeitou uma oportunidade excelente que tinha aparecido em seu caminho — e a rejeitou sem sequer estudá-la.

A agência de licenciamento prosperou em meados da década de 1980, como a maioria das agências daquela época. O homem dos softwares, deixado para trás, não tinha outra coisa a dizer, a não ser "se ao menos eu tivesse".

***

Não leve os planos de longo prazo a sério. Use-os para orientação geral, contanto que pareçam estar levando você aonde quer ir, mas o que quer que faça, não fique preso a eles. Jogue-os no lixo, assim que algo melhor aparecer.

Essa abordagem ou fórmula aparece várias e várias vezes na vida dos sortudos. A maioria deles parece segui-la instintivamente, sem pensar muito nisso. Eles o fazem porque *parece* certo. Contudo, há outras pessoas que a seguem de uma forma mais deliberada ou cerebral, como uma filosofia bem pensada.

Um exemplo notável é Helene von Damm, a embaixadora dos Estados Unidos na Áustria durante a maior parte do mandato do presidente Reagan. A vida incrivelmente sortuda de Von Damm depõe a favor do valor de trilhar um caminho tortuoso, e ela está consciente disso. Ela sempre evitou objetivos de longo prazo como uma questão de política pessoal deliberada.

"Eu não pertenço à classe de pessoas que fazem planos de longo prazo", ela disse a um repórter do *New York Times* em 1985. "Gosto de aproveitar as chances do acaso."

O acaso, a aptidão ou o hábito de aproveitar os golpes de sorte que você não estava procurando é uma outra maneira de descrever a característica de trilhar caminhos tortuosos das pessoas de sorte. A vida de Helene von Damm tem sido o oposto de uma linha reta.

Ela nasceu pobre, na Áustria, em 1938. Sua aldeia natal foi ocupada pelos russos depois da Segunda Guerra Mundial. Ela era apenas uma menina, mas entendeu rapidamente que a vida sob a versão cinza da ética do trabalho dos soviéticos não era para ela. Helene aguardava uma chance para fugir e, quando surgiu a oportunidade, conseguiu sair de lá. Foi para a Alemanha Ocidental quase sem um tostão no bolso. Encontrou emprego, mas, quando conheceu um soldado americano que quis se casar com ela, abandonou as metas profissionais imediatamente. Helene se casou com o soldado e mudou-se para Detroit.

Com o tempo, vendo outras metas que a atraíam mais, ela se divorciou. Encontrou trabalho, mas depois uma ocupação mais atraente de secretária em Chicago chamou sua atenção. Então, ela se mudou para lá. A principal atração do novo trabalho era que ele oferecia a chance de circular entre pessoas interessantes, em vez de ficar em um único escritório. O trabalho era em um comitê político da Associação Médica Americana (AMA).

Em pouco tempo, ela mudou suas metas de novo. Seu trabalho para a AMA a colocou em contato com um homem interessante, que tinha começado a vida adulta como ator, mas agora estava entrando na política. Seu nome era Ronald Reagan. Ele pediu à enérgica e eficiente secretária que o seguisse para sua terra natal, a Califórnia, a fim de trabalhar em sua campanha para governador. Rapidamente, abandonando as metas de longo prazo na AMA, ela concordou.

Helene tornou-se secretária pessoal de Ronald Reagan, trabalhou em sua campanha presidencial e o seguiu até a Casa Branca. Em 1982, ele a nomeou embaixadora na Áustria, o país de onde ela fugira como emigrante sem um tostão furado muitos anos antes.

Uma história de vida que parece um conto de fadas. Uma história de incrível boa sorte. Porém, a Cinderela nunca teria alcançado seu final feliz se não estivesse sempre pronta a abandonar velhas metas e substituí-las por novos objetivos.

Nunca tenha medo de seguir caminhos tortuosos. Evite lamuriar-se por fazer parte de uma categoria: "Eu sou secretária." "Estou no ramo de computadores." "Sou de Detroit." Você nunca sabe de que direção virá a maré de sorte. Quando ela chegar, não a deixe passar.

A Sétima Técnica
Sobrenaturalismo construtivo

ESSA TÉCNICA ENVOLVE RELIGIÃO e superstição. Essas são duas palavras problemáticas. O que é religião para mim pode ser superstição para você — e vice-versa. Muitas guerras foram travadas sobre diferenças de opinião em relação a essas duas palavras. E muita besteira foi dita nos debates sobre essas questões.

Em nossos estudos sobre a sorte, felizmente, vamos conseguir evitar esses debates. Podemos reunir religião e superstição e fazer referência a elas usando uma palavra neutra: sobrenaturalismo.

O sobrenaturalismo é definido como qualquer crença em um espírito, força ou entidade invisível cuja existência não foi comprovada para satisfação de todos.

Pode ser uma crença totalmente estabelecida, como o cristianismo ortodoxo ou o judaísmo. Pode ser algo menos circunspecto, como o medo de passar embaixo de escadas. Pode ser algo bastante trivial, como um carinho especial (e meio cômico) por determinado amuleto da sorte ou o hábito de bater na madeira para afastar o azar.

Todas essas são manifestações do sobrenaturalismo. Se é séria ou bem-humorada, se é importante para o crente ou nada mais que uma brincadeira ou tique, todas elas se encaixam na definição. Todas lidam com poderes invisíveis e todas podem arrumar confusão em qualquer festa. Todas têm adeptos e todas têm críticos.

E todas desempenham um papel nas variadas abordagens ao problema de ter sorte.

Lembre-se de nossa definição de sorte: acontecimentos que influenciam sua vida, mas que não foram criados por você. Então, foram criados por quem? Ah, essa é a pergunta que causa todos os problemas. É a pergunta que coloca ateus contra devotos, muçulmanos contra cristãos, astrólogos contra multidões de incrédulos, pessoas que gostam de amuletos e não passam embaixo de escadas contra indivíduos que apreciam o número 13.

Você ganha um prêmio na loteria. Por quê? De onde veio essa sorte? Qual é o propósito dela? Por que você foi escolhido? Você provavelmente já se fez esse tipo de pergunta várias vezes na vida. Todo mundo já fez. E há dezenas de possíveis respostas.

Deus me deu sorte por razões desconhecidas.
Deus me deu sorte porque eu rezei.
Deus me deu sorte porque tenho uma vida irrepreensível.
Isso aconteceu porque estava escrito nas estrelas.
Aconteceu porque era meu dia de sorte.
Aconteceu porque o bilhete da loteria tinha meu número da sorte.
Eu ajudei o destino usando minha pulseira da sorte.

E assim por diante. Essa não é de forma alguma uma lista completa de explicações sobrenaturais da sorte. Alguns favorecem uma explicação excluindo outras. Alguns favorecem várias. Outros percorrem a lista, escolhendo a explicação para atender a determinadas circunstâncias.

Finalmente, há um grande número de indivíduos que rejeitam todas as explicações sobrenaturais. Esses homens e mulheres podem ser chamados de pragmáticos. Seu lema: "Só acredito naquilo que posso ver e tocar." Ao ganhar um prêmio de loteria, eles ficariam tão felizes quanto qualquer um dos sobrenaturalistas, mas suas observações sobre o evento seriam mais comedidas:

Nenhum espírito, força ou entidade invisível mandou essa boa sorte para mim. Foi simplesmente um evento aleatório. Alguém tinha de ganhar o prêmio, e, por acaso, o vencedor fui eu. Minha boa fortuna não tem propósito algum e nem prova nada. Simplesmente aconteceu.

Chegamos agora à questão central. As pessoas sortudas são sobrenaturalistas ou pragmáticas?

Elas são as duas coisas — mas de uma maneira especial. E isso exigirá alguma explicação.

***

A teoria da sorte, a essência dos conselhos que constituem a base desse livro, é inteiramente pragmática. Ela funciona sem forças sobrenaturais de nenhuma espécie. Mesmo essa Sétima Técnica, como você verá, tem uma atitude agnóstica em relação a crenças sobrenaturais. As outras 12 técnicas as ignoram inteiramente. Na teoria básica sobre a sorte, você pode aplicar as técnicas sem rezas, números especiais, trevos de quatro folhas ou qualquer dependência em fatores sobrenaturais.

Você pode. No entanto, isso não significa que deva.

As técnicas funcionam com ou sem o sobrenatural. Se você tiver uma forte crença de algum tipo, provavelmente não há razão pela qual não possa permanecer fiel à crença ao aplicar as técnicas. (É evidente que é seu guia espiritual, e não a mim, que você precisa convencer!) O mesmo vale para os tiques e as excentricidades sobrenaturais: medo de gato preto, aversão ao número 13, crença meio bizarra na sorte trazida por aquela jaqueta que você usou quando ganhou o campeonato universitário e não lavou. As técnicas da teoria de sorte são compatíveis com todas as crenças e esquemas sobrenaturais.

Dito de outra forma, não deveria importar tanto na teoria da sorte se você acredita em Deus ou em uma comissão de deuses, ou em números da sorte, ou em absolutamente nada. Porém, eis um fato peculiar. As pessoas sortudas tendem a ser sobrenaturalistas como grupo. Algumas são devotas de religiões, enquanto outras têm as mais estranhas superstições.

Isso me confundiu quando comecei a perceber essa tendência. Por que as pessoas de sorte estão associadas ao sobrenaturalismo?

O que me confundiu ainda mais no início foi o fato de que o tipo de manifestação sobrenatural não parecia fazer diferença, pelo menos em nenhum caso particular. Alguns dos sortudos são católicos ou judeus devotos, enquanto outros evitam a religião organizada. O que parece ser importante não é o tipo de sobrenaturalismo, mas o fato de que este existe em primeiro lugar. Quase todos os sortudos associam-se de alguma forma com algum tipo de ideia religiosa/sobrenatural.

Qual é a conexão? A conexão, em minha opinião, é que uma crença sobrenatural, até mesmo trivial e bem-humorada, ajuda as pessoas a terem sorte, auxiliando-as a fazer escolhas impossíveis.

A vida é cheia de situações em que precisamos escolher entre opções, mas não temos nenhuma base racional para essa escolha. O exemplo mais simples é o da escolha de um número em Las Vegas ou em sua loteria estadual. Você quer apostar na roleta ou no jogo de três dígitos da loto estadual. Para apostar, precisa escolher um número, mas como? Um número é tão bom quanto qualquer outro. Não adianta perder tempo pensando, pois isso não vai ajudá-lo. Nenhum exercício mental dará a menor vantagem sobre outros jogadores. Então, o que fazer?

Muitas pessoas — sem sorte — ficariam simplesmente ali paralisadas, incapazes de fazer a escolha impossível. Contudo, vimos em nossos estudos da Terceira Técnica, a qual envolve avaliar os riscos, que ter sorte requer correr riscos. Vimos também que raramente temos todos os fatos que poderíamos desejar quando embarcamos em um risco, e, às vezes, simplesmente não temos fato algum. É aí que as pessoas de sorte podem fazer com que sua crença sobrenatural compense.

O sortudo faria a aposta da loteria, apesar da total falta de dados relevantes. Como escolher o número? Contando com o sobrenatural.

A confiança pode ser perfeitamente séria: "Deus vai me guiar." Ou pode ser totalmente gaiata: "Vou beijar meu amuleto da sorte e escolher os três primeiros números que surgirem na minha mente."

Assim, o indivíduo com sorte entrará no jogo. Se o resultado será influenciado por Deus, pelas estrelas ou por um amuleto da sorte é irrelevante. O que conta é que a crença sobrenatural permitiu que o jogador entrasse em uma posição potencialmente vencedora.

Entrar em uma loteria é uma aventura trivial, claro. A vida nos apresenta situações muito mais importantes em termos de escolhas. Algumas são tão frustrantes quanto a loteria, no sentido de que nenhuma escolha racional é possível. No entanto, a pior reação de todas é não fazer nada.

O exemplo clássico desse dilema humano comum é a irritante história de Franck Stockton sobre a dama e o tigre. Talvez você se lembre dela. O herói, sendo alvo da ira de um rei, é levado para um estádio que tem duas portas de saída. Atrás de uma porta está uma mulher; atrás da outra, um tigre que há tempos não desfruta de uma boa refeição. O rei diz ao herói que ele deve sair por uma porta ou pela outra. Se ele não escolher, será executado ali mesmo.

Enquanto o herói pensa nesse dilema interessante, o problema é agravado por sua amante, a filha do rei. A princesa sub-repticiamente aponta para uma das duas portas. Infelizmente, ele não tem como saber qual poderia ser a motivação da moça. Se ela fosse motivada pelo amor altruísta por ele, então ela deveria estar indicando a porta com a mulher atrás dela. No entanto, se fosse motivada por ciúme, então indicaria a porta com o tigre.

Um caso clássico de dados inadequados. Nada que o perplexo herói possa fazer o ajudará a encontrar uma solução. Nenhuma escolha racional é possível. No entanto, a pior reação de todas é ficar parado e não fazer nada, pois isso causará a execução certa. É claramente vantajoso para o herói escolher uma porta. Dessa forma, ele tem uma chance de sobrevivência de 50%-50%.

Stockton não nos diz o resultado. Porém, podemos esperar, pelo bem do herói, que ele tinha alguma crença sobrenatural. Qualquer velha superstição serviria (exceto as mais sinistras ou depravadas) — contanto que ele tivesse *alguma coisa* para guiá-lo na escolha que precisava fazer. Qualquer coisa — até mesmo o antigo ritual de jogar uma moeda — teria sido melhor do que não fazer a escolha.

A vida real está repleta de exemplos de dilemas semelhantes: situações frustrantes em que temos de fazer escolhas e assumir riscos sem nenhuma informação considerada suficiente para embasar nossa escolha. Um executivo da Union Carbide conta a triste história de um jovem que foi incapaz de escolher entre dois empregos.

Ele era um rapaz extraordinariamente brilhante com um excelente histórico educacional. Em seu último ano na faculdade, ele conversou com recrutadores enviados para o campus para representar várias grandes empresas, entre elas a Union Carbide e a IBM. Os recrutadores acharam que faltava ao rapaz um pouco de graça pessoal e outros atributos, mas ficaram impressionados com seu intelecto. A Union Carbide e a IBM acabaram oferecendo-lhe um emprego praticamente idêntico.

Ele estudou as ofertas, analisou as empresas e pensou e pensou, mas não conseguiu se decidir. Estava diante de um dilema muito parecido com o do homem da história de Frank Stockton. Por mais que pensasse, isso não o ajudaria a fazer a escolha. A Union Carbide e a IBM são empresas muito grandes com reputação bem merecida pela sua generosidade para com os empregados. Um jovem brilhante pode ter um futuro promissor em qualquer uma das duas organizações. No entanto, é claro que seu futuro em uma empresa desse tipo, como todos os futuros em toda parte, depende muito da sorte. É impossível estar no início de tal futuro e determinar exatamente qual será a forma dele. Não há dados suficientes.

O jovem não conseguia se decidir. O pessoal da Union Carbide escreveu para ele e depois telefonou para dizer que ele precisava tomar sua decisão em breve. Se não quisesse o emprego oferecido, eles gostariam de oferecê-lo a outra pessoa. Era um bom emprego. Não havia falta de candidatos qualificados. Então, qual seria sua decisão — sim ou não?

A IBM, sem dúvida, também estava pressionando o rapaz para que escolhesse uma opção, da mesma forma que o herói de Stockton. Ele estava em uma situação em que a pior opção seria não fazer escolha alguma.

Finalmente, instigado à ação relutante por cartas e telefonemas insistentes das duas grandes empresas, ele disse a uma mulher da Union Carbide por telefone que decidira ficar com a IBM. O executivo da Union Carbide que conta essa história não tem certeza sobre o que aconteceu na IBM, mas aparentemente houve um mal-entendido. Quando o rapaz informou a IBM sobre a decisão que tomou, o setor de pessoal disse que ele demorara muito para dar a resposta e, agora, era tarde demais. Eles tinham oferecido o emprego a outro candidato, que aceitara-o sem pestanejar. O jovem, então, ligou para a Union Carbide, mas era tarde demais também.

Claramente, esse é um caso em que o sobrenatural poderia ter guiado o rapaz para a boa sorte. Se ele tivesse uma crença religiosa, por exemplo, poderia ter rezado e pedido por um sinal ou uma orientação. Ou poderia ter conversado com um pastor, um rabino, um padre ou qualquer outro guru. Ou poderia ter simplesmente lançado uma moeda. Tudo que ele precisava era *alguma coisa* que o levasse a tomar uma decisão. Não importa o quão boba ou supersticiosa essa coisa pareça para os céticos, ela teria tido um valor prático se ajudasse o jovem a superar seu medo.

***

Então, encontre um sistema sobrenatural que possa ajudá-lo nessas situações. Ele pode ser sério ou bem-humorado, ter crenças profundas ou ser um simples jogo. Nada disso importa. E também não importa se o sistema é, de acordo com os próprios pronunciamentos, "verdadeiro" ou pura balela. Contanto que não seja malévolo ou ocultista, tudo o que interessa é que você acredite nele e que o use para tomar decisões e correr riscos.

Obviamente, é bom evitar os cultos sinistros, mas não tenha medo de dar uma olhada em sistemas dos quais a maioria das pessoas ridiculariza. Todas as crenças sobrenaturais são ridicularizadas, incluindo as grandes religiões. Talvez ninguém conheça a grande verdade sobre Deus e o mundo, e os pontos de vistas são analisados por cristãos, judeus, muçulmanos ou por qualquer outro — ou por ninguém. Um monte de gente diz que conhece a verdade, mas não a conhece; apenas espera que seja assim. E nem todo mundo está convencido de que exista um ser como Deus ou se ele ou ela se importa com quem ganha na loteria ou consegue um emprego.

Todavia, na teoria da sorte, isso não tem importância.

Números da sorte são uma boa ideia. São divertidos e têm a vantagem de serem simples. Eles podem formar um sistema complicado (se você quiser), mas também podem ser reduzido à escolha de um ou dois números da sorte. Especialmente por essa razão, é a minha escolha pessoal como ajuda sobrenatural.

Eu gosto dos números seis e 28. São os números que representam meu aniversário: 28 de junho. São também os únicos números inteiros "perfeitos" abaixo de cem. Na teoria dos números, um número perfeito é a soma de seus próprios fatores. Assim, os fatores de 6 são 1, 2 e 3, que somam 6.

Dessa forma, 6 e 28 são, obviamente, números raros e admiráveis. Será que eu os levo a sério? Claro que não. Contudo, eles me ajudam a tomar decisões em situações nas quais não há base racional para a escolha, e o pior caminho seria não fazer nada.

Por exemplo, há bem pouco tempo, enquanto eu dirigia meu carro para um destino desconhecido, cheguei a uma rotunda com ruas que saíam dela em ângulos loucos. Eu não sabia onde estava ou que rua deveria tomar. No entanto, sabia que tinha de fazer uma escolha e agir rápido. Se eu simplesmente parasse ali no meio do trânsito, paralisado com a indecisão, certamente não viveria muito tempo. Tive de fazer minha escolha, embora não tivesse dados em que me basear.

Nessa situação frustrante e potencialmente perigosa, meu número da sorte 6 veio me ajudar. Em uma das ruas, vi um posto de gasolina com um cartaz anunciando uma marca de gasolina: Phillips 66. Sem pensar duas vezes, segui por essa rua.

Cheguei a meu destino. Soube, mais tarde, que eu não tinha escolhido o caminho mais curto; porém, cheguei aonde queria e vivi para contar a história.

De forma bastante parecida, os números da sorte me ajudaram a escolher números de loteria, jogar roleta, até mesmo tomar decisões em determinadas circunstâncias em que não existiam dados sobre o mercado de ações. Às vezes, eu ganho e, às vezes, perco. Exceto nesses momentos lúdicos, duvido que os números tenham qualquer efeito sobre esses resultados. O que os números fazem por mim é me induzir a entrar no jogo — jogo que de outro modo eu poderia evitar, porque não há maneira de descobrir uma estratégia racional para vencer. Os números ajudam a me colocar em posição para o sucesso. E como eu continuo me colocando nessa posição, ganho frequentemente, causando inveja aos perdedores.

$$***$$

"Ser supersticioso não faz mal, desde que você não use a superstição como substituto para o pensamento", disse Charles Goren, o mestre do bridge. Ele estava falando a um grupo de repórteres e respondia a uma pergunta sobre superstições relacionadas ao bridge, especificamente aquela sobre banheiras. "Na verdade, uma superstição pode ajudá-lo. Se você se sente bem quando está sentado e olhando em determinada direção, então provavelmente vai jogar melhor. Você vai se levantar da mesa com a sensação de que melhorou sua sorte."

O sentimento quase certamente seria correto. No bridge, como na vida, seu destino é influenciado por eventos fora de seu controle, especialmente pela forma como as cartas são distribuídas. Você fica preso com a mão que pegar: 13 cartas que não são de sua escolha. Porém, esses 13 golpes de sorte; bons, ou ruins, ou mais ou menos; não são os únicos fatores que determinam seu destino. O resultado do jogo também será influenciado pelo que você faz com a sorte que recebe. Com uma boa superstição para ajudá-lo a correr riscos e tomar decisões com base em poucos dados, você provavelmente terá mais sorte do que se você simplesmente sentar-se ali frustrado e desanimado.

Perguntado se ele seguia uma crença sobrenatural peculiar capaz de mudar a sorte, Goren sorria e acenava com a cabeça. Ele não diria qual era sua crença, mas não importava. O que importava era que ele tinha algo de sobrenatural em que se apoiar quando precisasse. Charles Goren sempre foi um homem extremamente afortunado.

A Oitava Técnica
Faça a análise do pior caso

JÁ OBSERVAMOS ANTERIORMENTE QUE os sortudos como grupo tendem a ser pessimistas. Eles certamente não são do tipo relaxado, "de bem com a vida". Esse tipo de gente se expressa e projeta a imagem de pessoas otimistas, despreocupadas, que nunca esquentam a cabeça com resultados ruins. O fato paradoxal é que esses indivíduos, apesar de seus enormes sorrisos e sua superdisposição, geralmente têm pouca sorte na vida.

Otimismo significa esperar o melhor, mas a boa sorte envolve saber como você vai lidar com o pior.

Ao entrar em qualquer situação nova — um emprego, um relacionamento pessoal, um negócio — a pessoa de sorte aplicará a Primeira Técnica. Ela fará uma clara distinção entre planejamento e sorte: "Essa situação está apenas parcialmente sob meu controle. A boa ou a má sorte — eventos não criados por mim — poderiam fazê-la amadurecer em algo bom ou apodrecer." Tendo isso em mente, o indivíduo com sorte, em seguida, aplica uma análise de pior caso.

"Sei que essa situação pode dar errado. Agora tenho de perguntar como pode dar errado. Qual é o pior resultado possível? Ou se houver dois ou mais resultados "piores", quais são eles? Como será a pior das hipóteses? E se o pior acontecer, o que vou fazer para me salvar?"

Essa atitude é o oposto de ser relaxado.

Margaret Farrar estava entre as mais afortunadas de todas as pessoas que já entrevistei, e ela devia boa parte de seu impressionante sucesso ao fato de fazer uma detalhada análise do pior caso. Vamos saber mais sobre sua vida longa e feliz.

Ela vivia no mundo das palavras cruzadas e, durantes muitos anos, foi a rainha indiscutível nessa seara. Margaret praticamente inventou as palavras cruzadas como nós a conhecemos hoje, trabalhou por 27 anos como editora da seção de palavras cruzadas do *New York Times* e publicou uma série fabulosamente rentável de livros de palavras cruzadas para a Simon & Schuster. No entanto, é quase certo que nós não saberíamos o nome dela hoje em dia se Margaret não tivesse aplicado a Oitava Técnica pelo menos duas vezes em sua carreira de sorte.

Fui visitá-la em 1979. Ela morava em um apartamento antigo, bem amplo e repleto de livros no Upper East Side de Nova York. Ela me recebeu na porta: uma mulher pequena e elegante de 82 anos e jeito ativo e amigável. Eu não tinha ido para entrevistá-la especificamente sobre o tema da sorte, mas soube imediatamente que estava na presença de uma personalidade consistentemente sortuda. Depois de me servir uma xícara de café, ela começou a me contar sua história de vida com estas palavras: "Sabe, alcançar sucesso na vida não é apenas uma questão de ser inteligente. Você precisa ter sorte também." (Essa era a Primeira Técnica em ação.) "Sempre tive sorte. Tudo começou quando eu era jovem. Sempre parecia que eu estava nos lugares certos nos momentos certos."

Margaret Farrar — então conhecida tanto por seu nome de solteira, Petherbridge quanto pelo apelido, Piff — foi para Nova York em 1921. Depois de batalhar por um tempo, encontrou emprego como secretária do editor de domingo do velho *New York World*.

O *World* tinha recentemente começado a publicar o que chamou de "charada das palavras cruzadas" para preencher espaço no jornal. Essa seção era constituída por minúsculos losangos sem graça que não continham palavras com mais de seis letras. Nem os editores nem os leitores estavam muito entusiasmados com elas. As palavras cruzadas existiam apenas para preencher espaço, e essa atitude transparecia. Além disso, eram marcadas por erros, palavras inventadas, como "xinx" (definida como "som feito por moedas caindo"), definições maçantes e uma falta geral de cuidado.

O trabalho de produzir as palavras cruzadas semanalmente era atribuído a membros da equipe júnior, nenhum dos quais queria essa missão. Cada um realizava a tarefa de má vontade durante algumas semanas, depois pensava em uma razão por que deveria ser passada para as mãos de outra pessoa. Finalmente, foi a vez de Piff Petherbridge.

Quando um editor lhe pediu para assumir o cargo, sua primeira reação foi de prazer. Ela adivinhou — mais corretamente do que supunha, como se viu depois — que um golpe de sorte inesperado chegara para abalar as estruturas de sua vida. "Eu vi isso como uma maneira de escapar da armadilha de ser secretária", lembra. "Naqueles dias, o trabalho como secretária executiva prendia a maior parte das mulheres durante praticamente toda sua vida profissional. Se você fosse mulher e tivesse a chance de fazer outra coisa, qualquer outra coisa, você faria."

Todavia, quando essa primeira onda de euforia diminuiu, a jovem Piff aplicou a indispensável Oitava Técnica. Piff perguntou-se o que poderia dar errado, e um cenário muito sombrio se apresentou diante dela. Piff se viu dedicando tempo integral às palavras cruzadas para melhorá-las. As melhorias aconteceriam lentamente. A falta geral de entusiasmo permaneceria. Finalmente, os editores decidiriam abandonar as palavras cruzadas. Piff teria de voltar a seu emprego de secretária, mas outra pessoa estaria preenchendo a vaga. E, dessa forma, Piff se encontraria no olho da rua.

Esse era o pior caso que ela conseguia imaginar. Piff revelou suas preocupações ao editor, que riu e disse que ela estava inventando pesadelos. No entanto, ela insistiu em arrancar uma promessa do editor. A promessa era que o *World* continuaria a publicar as palavras cruzadas durante pelo menos um ano — independentemente dos acontecimentos.

Se a jovem Piff não tivesse aplicado essa análise do pior caso e nem tivesse conseguido proteção para si, é possível imaginar que não existiriam palavras cruzadas como as conhecemos hoje.

Ela começou sua nova missão com muito entusiasmo. Expandiu o tamanho das palavras cruzadas de modo a oferecer mais desafio para os leitores alfabetizados. Endureceu as regras segundo as quais as palavras cruzadas eram elaboradas. Desestimulou o uso de palavras desconhecidas, como "fibra da palmeira gomuti" (que tinha aparecido nas primeiras palavras cruzadas publicadas pelo *World*), onde uma palavra mais comum poderia ser usada, com um pouquinho de imaginação. Ela desencorajou outros truques baixos, como o de inventar palavras como "xinx". Além disso, aprimorou as etapas de edição e revisão de modo a eliminar erros de ortografia, definições associadas com os números errados e outros erros. E prestou atenção especial aos padrões dos quadrados sombreados. Piff estabeleceu regras que desde então se tornaram sagradas no reino das palavras cruzadas dos Estados Unidos (embora não na Inglaterra): o padrão deve ter uma agradável simetria; cada letra deve ser parte de duas palavras, e assim por diante.

Mas, como Piff previra em sua análise do pior caso, não houve aumento instantâneo de entusiasmo pelas palavras cruzadas. Alguns dos principais editores do jornal decidiram que as "palavras cruzadas" nunca iriam ser de grande ajuda para aumentar a circulação do periódico. Eles queriam abandonar a seção.

Porém, Piff Petherbridge os fez cumprir a promessa feita a ela: um ano. No final das contas, isso a fez ganhar tempo. Até o final do ano, o entusiasmo dos leitores tinha subido apenas o suficiente para convencer os editores que eles deveriam continuar publicando palavras cruzadas durante mais alguns meses. E assim foi salvo o empreendimento da vida inteira da jovem editora.

Com o tempo, as palavras cruzadas se tornaram uma das seções diárias mais populares do jornal. O pequeno império de Piff cresceu quando dois jovens editores assistentes se juntaram a ela.

Então, em 1924, as palavras cruzadas de repente se tornaram mania nacional. Aconteceu quando dois jovens sorridentes foram escoltados até a mesa de Petherbridge. Seus nomes eram Richard Simon e Max Schuster. Eles tinham um plano temerário em mente. Queriam abrir uma editora e pensaram em publicar um livro de palavras cruzadas para lançar o empreendimento. Eles queriam que a editora do *World* e seus assistentes elaborassem o livro.

O principal colunista do jornal, Franklin P. Adams, aconselhou-a a não entrar no negócio. Não iria dar certo, disse ele. As palavras cruzadas são um passatempo esotérico para um grupo muito pequeno e seleto de pessoas cultas e excêntricas. Querer que um livro de palavras cruzadas tenha apelo em um mercado de massa era uma ideia ridícula.

No entanto, a empresa nascente de Simon e Schuster estava oferecendo a cada um dos editores US$ 25 para preparar o livro proposto. Piff podia pensar em muitos bons usos para US$ 25. Além disso, depois de submeter a situação à análise de pior caso, o cenário não parecia tão ruim assim. "Suponha que o livro não venda", disse ela, explicando seu raciocínio. "Vamos supor que ele seja um terrível fracasso. O que eu perderia? Meu bom nome? Porém, naquela época, meu nome não era conhecido."

Ela decidiu que a situação era muito parecida com a de participar de uma loteria: o risco de perder era grande, mas o montante a ser perdido era pequeno. Para o caso de o livro ter sucesso, ela negociou um contrato em que compartilharia as recompensas financeiras por meio de royalties.

Ela e seus assistentes começaram a redigir o livro. Contudo, agora, um "pior caso" diferente surgia. E se o original se perdesse?

Alguns editores do *World* ridicularizaram esse pesadelo particular dela, mas Piff pensara nisso com cuidado. O que causou sua preocupação foi um constante declínio no entusiasmo pelo livro. Na verdade, nunca houve grande entusiasmo, mas mesmo a modesta parcela existente foi diminuindo. Franklin P. Adams se recusara a escrever um prefácio. Do mesmo modo, vários outros expoentes literários também se recusaram a participar, incluindo o conhecido editor e crítico literário John Farrar. Diante dessas manifestações repetidas de rejeição, Simon e Schuster começavam a reconsiderar a proposta. Talvez um livro de palavras cruzadas não fosse uma ideia assim tão boa, afinal das contas.

Piff sentia que bastaria apenas mais um contratempo para induzi-los a abandonar o projeto, e não precisaria ser muito grande. Qualquer pequeno golpe de má sorte bastaria. Um possível golpe do azar, segundo sua análise, poderia ser a perda do original.

Se ela o perdesse, poderia reconstituí-lo, mas esse processo talvez demorasse um ou dois meses. Ela, então, não conseguiria satisfazer o prazo estabelecido por Simon e Schuster. Esse lapso, somado ao constante declínio do entusiasmo geral, poderia representar a morte do projeto. Piff podia ouvir Simon dizer a Schuster: "Você quer dizer que temos de esperar mais dois meses para lançar esse livro? Ouça, talvez essa seja uma bênção disfarçada. Estou pensando há algum tempo que deveríamos reconsiderar esse projeto." E podia ouvir Schuster dizer a Simon: "Já que você mencionou isso, também venho tendo minhas dúvidas sobre o livro."

Quando ela lhes perguntou diretamente se estavam perdendo o entusiasmo, eles tentaram assegurar que não era o caso. Piff suspeitava que era apenas uma mentira gentil. E teve certeza disso quando eles anunciaram uma mudança de planos. Em vez de lançar o livro com o nome que tinham originalmente escolhido para a empresa, Simon and Schuster, eles planejaram se dissociar do possível fracasso escondendo-se sob o nome de Plaza Publishing.

Essa notícia intensificou as preocupações de Piff sobre perder o original. Não havia máquinas copiadoras naquela época; embora o papel carbono estivesse disponível, poucas pessoas no jornal o usavam. Como resultado, havia apenas uma cópia completa do livro de palavras cruzadas. Os três editores acrescentavam trechos, às vezes levando partes dele para casa, muitas vezes deixando-o sobre mesas e armários. Havia muitas maneiras como o livro inteiro ou parte dele poderia se perder. Piff passou dois fins de semana fazendo uma cópia completa à mão.

E, como Piff previra em sua análise de pior caso, o original se perdeu. Alguém o deixou em um táxi. Como havia apenas mais uma ou duas semanas de prazo, esse poderia ter sido o fim do projeto. E também o fim do futuro brilhante e sortudo de Piff. No entanto, ela tomara medidas para se salvar e entregou a cópia do original. E, assim, preservou a boa sorte que poderia ter deixado escapar das mãos.

O livro foi publicado em 10 de abril de 1924. Custava US$ 1,35, incluindo um lápis, uma borracha e um cartão-postal que poderia ser enviado à Plaza Publishing por um conjunto de soluções das palavras cruzadas.

A primeira tiragem foi tímida e pessimista: 3.600 cópias. Para surpresa de todos, vendeu imediatamente. Algo sobre palavras cruzadas parecia ter tocado um nervo norte-americano. A segunda tiragem também se esgotou. O mesmo aconteceu com uma terceira tiragem, e assim foi com uma série de outras, progressivamente maiores, até uma oitava, nona, décima edição de 25 mil cópias cada. Antes de aquele ano surpreendente e louco por palavras cruzadas acabar, mais dois livros desse tipo tinham sido colocados no prelo. Em um único dia durante a temporada de compras de Natal, cerca de 150 mil cópias foram vendidas.

Piff Petherbridge ficou rica. Ela estava prestes a se casar com o arrependido crítico literário que havia se recusado a escrever o prefácio para seu primeiro livro, e, como Margaret Farrar, ela rapidamente tornou-se famosa em todo o mundo de língua inglesa.

Quando o *Novo Dicionário Internacional* da Webster incorporou a expressão *"crossword puzzle"* (palavras cruzadas) em seus verbetes, em 1934, Margaret Farrar foi convidada a ajudar a decidir se o termo em inglês deveria incluir um hífen. Quando o *New York Times* instituiu seu primeiro jogo de palavras cruzadas nas edições de domingo, em 1942, ela foi contratada como editora e supervisionou a inauguração da primeira edição diária de palavras cruzadas em 1950. Piff era a rainha das palavras cruzadas e assim permaneceu durante toda a vida.

"Eu não era excepcionalmente inteligente e não tinha nada de especial", ela costumava dizer. "Só tive sorte." Exatamente. Compor e editar palavras cruzadas requer um alto grau de conhecimento da língua e muita paciência, mas milhares de pessoas possuem essas boas qualidades. Margaret Farrar se tornou rainha das palavras cruzadas porque estava no lugar certo na hora certa — e porque, pelo menos duas vezes, ela aplicou a Oitava Técnica.

Piff perguntou qual seria o pior resultado possível e se preparou para lidar com ele. Se ela tivesse sido apenas otimista, a sorte grande não teria batido a sua porta.

***

Estamos agora em posição de fazer uma pergunta que tem confundido os jogadores amadores durante séculos:

Por que os profissionais costumam ganhar?

"Porque trapaceiam", é a resposta padrão, mas a verdade é que os profissionais — homens e mulheres cuja renda deriva inteiramente ou substancialmente do jogo — são muito menos propensos a trapacear do que os amadores. Trapacear seria tolice para um profissional. O profissional não precisa correr esse risco extra.

Jogadores profissionais ganham porque rejeitam o otimismo. Eles aplicam a Quinta Técnica: o truque de escolher a sorte, de abandonar qualquer empreendimento rapidamente quando ele dá sinal de que vai afundar. Eles também aplicam a Oitava Técnica: o truque de fazer a análise do pior caso.

O jogador amador reza para que as cartas sejam boas ou espera que isso aconteça. Isso é otimismo, e não ganha jogos de cartas. O profissional, por outro lado, estuda como ele vai se salvar quando as cartas forem ruins.

Essa é a razão mais importante pela qual os profissionais quase sempre vão para casa com mais dinheiro em seus bolsos do que os amadores. Em Wall Street, acontece o mesmo. Se analisarmos as diferenças entre vencedores e perdedores consistentes no maior de todos os cassinos de apostas, uma diferença destaca-se nitidamente: os perdedores são otimistas.

O jornal *The New York Times* uma vez enviou um repórter para entrevistar um especulador de commodities chamado Martin Schwartz, um perseverante ganhador que em um ano aumentou sua fortuna em espetaculares 175%. Questionado sobre como conseguiu o sucesso, Schwartz disse sucintamente: "Eu aprendi a perder."

A Nona Técnica
Mantenha a boca fechada

CALVIN COOLIDGE, o 29º presidente dos Estados Unidos, era conhecido por seu hábito de guardar suas ideias para si. As pessoas o chamavam de "Cal, o caladão". Alguns — particularmente aqueles que não gostavam de suas tendências políticas conservadoras, voltadas para o comércio — sugeriram que a razão pela qual ele não falava muito era que ele não pensava muito. Contudo, é bem improvável que isso fosse verdade. Os fatos mostram que Calvin Coolidge, um homem excepcionalmente sortudo durante toda a vida, entendia ou intuitivamente sentia que conversas desnecessárias podem se tornar uma barreira contra golpes de sorte.

Como já notamos muitas vezes neste livro, nossos caminhos pela vida são determinados em grande medida por eventos fora de nosso controle, que é exatamente a definição que criamos da sorte. Não podemos controlar o fluxo desses eventos nem prever quais serão eles. Porém, sabemos que vão ocorrer. Várias vezes, estaremos lidando com o inesperado. Assim sendo, a melhor estratégia pareceria ser a de flexibilidade máxima: mantendo-nos livres para lidar com esses eventos desconhecidos da maneira que parecer apropriada no momento.

O problema de falar demais é que isso pode restringir essa valiosa liberdade e flexibilidade. Falar pode amarrá-lo, trancá-lo em posições que parecem certas hoje, mas podem estar erradas amanhã.

"Sempre me arrependi de minhas palavras, mas nunca de meu silêncio", escreveu Publilius Syrus, um autor romano de pantomimas e aforismos que floresceu no século I a.C. Ele pode estar se referindo simplesmente ao arrependimento do dia seguinte, que é familiar a homens e mulheres em todas as idades: "Meu Deus, será que eu realmente contei *essa* história?" Porém, é mais provável que Publilius estivesse pensando sobre o tipo de arrependimento que sentimos quando uma mudança inesperada dos acontecimentos nos deixa presos.

"Eu nunca gostei muito de Marie", você confessa um dia para um grupo. No dia seguinte, em uma dessas mudanças imprevisíveis da vida, Marie está em posição de direcionar uma onda de sorte para você. Por que você não ficou de boca fechada?

"Eu não trabalharia para essa empresa, não importa o quanto ela me pagasse", você declara. Essas são palavras que um dia você pode se arrepender de ter dito.

"Não fico à vontade lidando com pessoas como ele."

"Eu acho que eles fizeram um péssimo trabalho na organização desse projeto."

Como Publilius Syrus sabia, as palavras podem voltar para assombrá-lo. O silêncio quase nunca volta.

Isso não significa que você deve se transformar em uma estátua de pedra. A Segunda Técnica exige que você esteja em contato com muita gente, e isso requer comunicação. Além do mais, há momentos em que os eventos nos forçam a tomar uma posição e defender pontos de vista enfaticamente. A lição dessa Nona Técnica é que os mais sortudos se protegem contra conversas *desnecessárias*. Eles são particularmente cuidadosos ao falar de assuntos que têm grande importância pessoal para si mesmos. Eles revelam apenas o necessário. Não se colocam em determinada posição a não ser que haja um forte motivo para fazê-lo.

Tipicamente, as outras pessoas os consideram misteriosos. "Eu nunca sei o que realmente está passando na cabeça dela." E é assim que deveria ser.

***

Calvin Coolidge viveu em uma época quase tão falante quanto a nossa. Ele não era uma estátua de pedra de forma alguma, mas fugia de lenga-lengas desnecessárias, e isso o fez se destacar. Ele se tornou objeto de caricaturas. Um mestre de cerimônias em uma festa em Washington teria parado o presidente uma noite e dito: "Espero sinceramente que o senhor fale comigo, Sr. Coolidge! Um amigo e eu apostamos que eu não conseguiria arrancar mais que duas palavras do senhor!" Coolidge respondeu friamente: "Você perdeu."

Ele não era assim tão calado. Nenhum homem tão taciturno poderia ter usado o fluxo rápido com tanto sucesso quanto Coolidge. Ele falava o suficiente para atrair os golpes de sorte de que precisava. Começando a vida adulta como um jovem advogado obscuro em Northampton, Massachusetts, em 1898, Coolidge levou exatamente 25 anos para se tornar presidente dos Estados Unidos. Ele o fez avançando rapidamente, sem alarde e quase sem esforço, ocupando cargos sucessivamente mais importantes: prefeito, senador, governador, vice-presidente, presidente. Nunca perdeu uma eleição, e isso surpreendia as pessoas. "Havia uma certa inevitabilidade no jeito como ele avançava", escreveu a respeitosa biógrafa da esposa de Coolidge, Ishbel Ross, "sem parecer se esforçar demais ou fazer alarde de suas conquistas".

Coolidge não precisava se gabar porque sua rede de conhecidos fazia a maior parte do trabalho para ele. O político estava sempre no lugar certo na hora certa. Embora não haja registro de que tenha usado a expressão "fluxo rápido", ele deve ter percebido, ao pensar sobre sua vida, que devia seu sucesso contínuo à enorme rede de contatos que estabelecera.

A "sorte de Coolidge" era quase tão comentada quanto era sua economia com as palavras. Quando foi eleito vice-presidente dos Estados Unidos em 1920, seu jovem sócio, Ralph Hemenway, fez uma piada que acabou por ser terrivelmente profética. "Do jeito que você é sortudo", Hemenway disse, "eu não gostaria de estar na pele do presidente". Três anos depois, o presidente Warren Harding morreu no cargo, e Coolidge o sucedeu.

Coolidge lamentava que alguns de seus mais importantes golpes de sorte tivessem sido causados pela falta de sorte de outros. Talvez sua própria vida se devesse a um golpe desses. Em 1915, pouco depois de ter sido nomeado para o cargo de vice-governador de Massachusetts, ele foi atropelado por um carro ao atravessar a rua. O impacto atirou-o contra uma mulher, e ele caiu em cima dela. Por causa dessa "aterrissagem" amortecida, ele sobreviveu ao acidente com apenas algumas escoriações superficiais, mas a pobre mulher sofreu ferimentos mais graves, incluindo um braço quebrado.

Contudo, esse tipo de sorte é cega, aleatória e incontrolável. Não há nada de sensato a ser dito ou feito a respeito. Os principais aspectos da sorte explicável na vida de Coolidge vêm de sua rede de contatos e sua parcimônia com as palavras.

De acordo com Ishbel Ross, a filosofia de Coolidge foi expressa em um fragmento de versos burlescos que ele mandara emoldurar e pendurara sobre o aparador da lareira na época em que foi prefeito de Northampton:

A sábia e velha coruja sentou-se em um carvalho.
Quanto mais ela via, menos falava.
Quanto menos ela falava, mais ouvia.
Por que não podemos ser como aquele velho pássaro?

Certamente não era uma grande obra poética. E existem algumas evidências de que a sociável esposa de Coolidge, Grace, tinha horror a essa peça de decoração do salão de visitas. Porém, o objeto resumia bem uma das principais razões para a sorte duradoura de Coolidge.

As pessoas gostavam do jeito calado de Coolidge, e nesse fato reside a lição da Nona Técnica: não é necessário falar o tempo todo para estabelecer um círculo de bons amigos e uma rede de contatos bastante variada. Na verdade, em um período tão falante quanto o nosso, as pessoas muitas vezes acham o silêncio agradavelmente surpreendente e refrescante. É tão fácil fazer amigos ouvindo, realmente sabendo *ouvir* o outro, quanto falando pelos cotovelos. Na verdade, falar sem parar pode irritar as pessoas — especialmente aquelas que querem falar o tempo todo também.

As pessoas não só gostavam de Coolidge, mas ficavam intrigadas com o mistério do homem. No que ele estava pensando? Ninguém sabia, exceto em raras ocasiões quando ele escolhia lhes contar. E por causa dessa parcimônia com as palavras, ele preservou a liberdade para reagir com flexibilidade a eventos inesperados e transformá-los em golpes de sorte.

O evento que lhe deu destaque nacional foi uma greve da polícia de Boston em 1919, quando ele era governador de Massachusetts. Coolidge nunca manifestara suas opiniões sobre a sindicalização dos funcionários públicos. Quando a ameaça de uma greve surgiu de repente, Coolidge avisou aos dirigentes sindicais que não toleraria uma greve da polícia, mas eles optaram por não acreditar nele. Foi um sério erro de cálculo. Para surpresa deles, o inescrutável governador jogou todo o peso de sua autoridade contra os grevistas — e, ainda pior para eles, fez um pronunciamento nacional sobre o caso, deliberadamente entrando em um debate público com Samuel Gompers, presidente da Federação Americana do Trabalho.

"Ninguém tem o direito de fazer greve contra a segurança pública, em nenhum lugar e em hora nenhuma", declarou categoricamente Coolidge, e a maior parte da imprensa dos EUA e do público aplaudiu a declaração. A partir desse momento, Calvin Coolidge estava a caminho da presidência.

Foi um belo exemplo de como aproveitar um evento inesperado e transformá-lo em boa sorte. Coolidge conseguiu isso porque se manteve livre. Ele não fizera declarações desnecessárias. Não se alinhara desnecessariamente com grupos e posições, apenas para descobrir que teria de se empenhar para se libertar. Quando surgiu o evento que potencialmente mudaria sua sorte, ele estava livre.

O evento exigia que ele tomasse uma posição, e ele o fez — de forma inequívoca. Coolidge manteve essa posição até o fim da vida. Estava disposto a fazer isso quando fosse necessário — mas *apenas* quando fosse necessário.

E assim foi ao longo da carreira de Coolidge. Ele evitava fazer inimigos quando não havia nenhuma boa razão para isso. Em 1920, quando concorreu à presidência dos Estados Unidos pela primeira vez, sua nomeação foi impedida pelo poderoso senador Henry Cabot Lodge, e Coolidge terminou como vice-presidente na administração de Warren Harding. Um homem com menos sorte poderia ter feito de Lodge um inimigo mortal, perdendo a calma e disparando uma saraivada de insultos. Coolidge não o fez, embora muitos achassem que alguns comentários mais duros teriam sido justificados dadas as circunstâncias. "Os pensamentos secretos de Coolidge a respeito de Lodge não devem ser impressos", escreveu o ex-presidente Taft. O ponto era que Coolidge realmente mantinha suas opiniões em segredo, já que não havia nenhuma boa razão para revelá-las.

E, como ele não proferia as palavras que talvez estivessem em sua mente, elas nunca voltavam para assombrá-lo. Em uma dessas reviravoltas inesperadas de acontecimentos que formam a vida humana, mas que apenas os sortudos estão preparados para identificar, Lodge achou conveniente apoiar a ideia de uma candidatura presidencial de Coolidge em 1924. Ele não poderia tê-lo feito, e Coolidge não poderia ter aceitado o apoio, se tivessem se tornado inimigos. Ambos, então, teriam sido acusados de oportunismo barato. No final das contas, Lodge conseguiu oferecer apoio generoso e viveu tempo suficiente para saber da vitória esmagadora de Coolidge na eleição de 1924.

Calvin Coolidge era, por todas as medidas, um dos presidentes norte-americanos mais sortudos da história. Ele obviamente entendia muito de sorte — embora exatamente *o que* ele sabia ou pensava, é claro, ninguém nunca descobriu. Não só ele foi mestre dessa Nona Técnica, mas também parece ter dominado a Quarta, a técnica de saber a hora de parar. Coolidge largou sua maré de sorte, e o fez de forma brilhante, no auge, quando todo perdedor na face da Terra teria sido dominado pela ganância e teria insistido em ter mais.

Os quatro anos de mandato do presidente eleito Coolidge, do início de 1925 ao início de 1929, foram um período de prosperidade absolutamente sem precedentes nos Estados Unidos. O mundo nunca tinha visto nada parecido. A "prosperidade da Era Coolidge", como foi universalmente chamada, foi o melhor momento do capitalismo, até hoje. Os próprios norte-americanos tinham dificuldade em acreditar no que estava acontecendo com eles, e os europeus e russos observavam em puro espanto. Os negócios prosperavam. Os salários nas fábricas nos Estados Unidos dispararam atingindo mais que o dobro do valor obtido na Europa e seis vezes o que poderia ser ganho no paraíso do trabalhador, na Rússia. O mercado de ações enlouqueceu. Para cada US$ 100 investidos em ações ordinárias da General Motors em seu valor mais baixo em 1923, você teria US$ 2.150 na alta em 1929. Milhares de cidadãos comuns de classe média estavam ficando ricos.

Era maravilhoso viver naquela época. E um ótimo momento para ser presidente. Ter essa onda de prosperidade batizada com seu nome — o que mais um presidente poderia pedir?

O que mais? Muitos presidentes, provavelmente a maioria, teriam dito "mais quatro anos". Não Calvin Coolidge. Esse talento da sorte sabia exatamente a hora de parar.

Em uma manhã de agosto de 1927, ele chamou alguns repórteres para a Casa Branca e entregou a cada um deles um pedaço de papel no qual constava uma única frase surpreendente: "Eu optei por não concorrer à presidência em 1928."

Era só isso. Sem grande sofisticação. Sem mais explicações. Nada além da simples e curta declaração: "Eu optei por não concorrer."

Estava inteiramente de acordo com o caráter desse homem inescrutável o fato de ele não ter discutido essa decisão com ninguém, com a possível exceção de um ou dois amigos íntimos. Muitos políticos e diversos biógrafos mais tarde se manifestaram e disseram: "Ah, ele *me* contou meses atrás." Todavia, é possível duvidar da veracidade de tais alegações. A esposa de Coolidge, Grace, ficou tão surpresa com o anúncio quanto qualquer outra pessoa. Evidentemente ele nunca havia deixado transparecer, nem mesmo para ela, o menor indício de suas ideias sobre concorrer à reeleição presidencial em 1928.

Coolidge voltou para sua amada Nova Inglaterra. O azarado Herbert Hoover o sucedeu como presidente. Poucos meses depois de Hoover tomar posse, a grande Era Coolidge teve um fim desastroso. O crash da Bolsa de Valores ocorreu no final de 1929. No final do ano seguinte, a nação e a maior parte do mundo estavam em meio à pior depressão dos tempos modernos.

O sortudo Cal Coolidge tinha caído fora a tempo. Será que ele ficou feliz por isso? Ninguém sabe. Ele nunca contou a ninguém.

$$***$$

É um pressuposto central da psicologia moderna que falar é a cura para todos os males e o caminho para todos os paraísos públicos e privados. Sigmund Freud era um dos que tinham essa improvável crença. Ele ensinou que, se alguém estiver com problemas, é possível alcançar a cura recostando-se em um divã e falando fiado com um psicólogo. Nem ele nem nenhum de seus discípulos já ofereceu provas confiáveis de que isso é verdade, mas a ideia atraiu a imaginação do mundo ocidental.

Hoje, o volume de conversas patrocinadas por médicos é muito maior. Os psicanalistas de massa, como a Dra. Joyce Brothers, nos garantem o tempo todo que a "comunicação" é a chave para a felicidade conjugal, o êxtase sexual e qualquer outra coisa que a gente queira. Em seus livros e artigos publicados em revistas sobre esses temas, a Dra. Brothers recomenda que os casais façam listas. Listas do que eles gostam e do que não gostam. Listas que explicam por que estão furiosos ou por que estão tristes. E depois eles leem essas listas e falam, falam, falam.

Parte da lógica é a secular suposição de que é ruim para nós "reprimir" nossos sentimentos. Se você está com raiva, deveria abrir as válvulas, deixar o vapor sair e reduzir a pressão. Os psicanalistas vêm afirmando isso, sem provar sua exatidão, desde a época de Freud e particularmente na era muito verborrágica que começou na década de 1960. Se você aceitar a analogia de que homens e mulheres são tanques cheios de vapor sob pressão, a afirmação pode fazer algum sentido. No entanto, o fato é que é quase certamente falsa.

Estudos da Universidade de Cornell e em outras instituições demonstraram, de fato, que o inverso é verdadeiro. Aqueles que "reprimem" sua raiva — em outras palavras, a controlam — não sofrem tanto assim. Aqueles que habitualmente expressam sua raiva, por outro lado, só ficam mais irritadas.

Elas ficam com mais raiva em grande parte porque continuamente agitam o ambiente. Atacando os outros, elas geram respostas raivosas, às quais respondem com mais raiva ainda. O tipo de personalidade que libera vapor vive em uma tempestade interminável de golpes e contragolpes.

Calvin Coolidge, pelo contrário, guardava seus sentimentos para si. Se ele sentisse raiva — de alguém como Henry Cabot Lodge, por exemplo —, ele reprimia o sentimento. É quase certo que um psiquiatra aconselharia Coolidge a expressar sua raiva. Entretanto, Coolidge sabia das coisas. Ele segurava as pontas.

E onde ele chegou com isso? À presidência dos Estados Unidos.

É pouco provável que falar muito tivesse sido mais útil na vida privada de Coolidge do que em sua vida pública. Ele e Grace não tinham o hábito de se "comunicar" muito, e a ideia de fazer pequenas listas teria divertido o casal. No entanto, o casamento deles era tão sereno que comoveu profundamente Howard Chandler Christy, um pintor que viveu na Casa Branca enquanto trabalhava nos retratos da primeira-dama.

Historiadores descobriram anos mais tarde que o calado Cal não era fiel à esposa. Não há nenhuma evidência conclusiva que indique se Grace sabia disso e não se importava, sabia e optou por ignorá-lo, ou não sabia nada a respeito. Talvez ela também fosse infiel. Ninguém tem certeza absoluta. O que se pode dizer com certeza é que a conversa não teria melhorado a situação e poderia ter causado um estrago muito pior. Foi um casamento silencioso e taciturno, mas, a sua maneira, funcionou. Qual teria sido o sentido de destruí-lo?

***

O silêncio não só o protege contra armadilhas em que você se coloca em posições indesejadas, mas também o impede de revelar fatos e sentimentos que pode querer que ninguém saiba. Ele tem também uma outra grande virtude. Evitando a comunicação excessiva, as pessoas de sorte não precisam explicar e justificar as ações o tempo todo.

As opiniões dos outros podem atrapalhar e atrasar você de forma desastrosa. Triste história típica de Wall Street: o perdedor crônico compra ações e revela ao cônjuge, explicando todos os motivos pelos quais esse é um ótimo investimento. A má sorte entra em cena. O preço das ações despenca. Essa é a hora em que o especulador precisa aplicar a Quinta Técnica, escolher a sorte. O negócio foi para o brejo, por isso é hora de descartar a má sorte antes que a situação piore. É hora de vender.

Porém, o perdedor, sendo um perdedor, comunicou demais. Agora o cônjuge está caçoando. "Que belo investimento, hein! Que ótimo especialista você é! Esse tremendo investimento nos custou US$ 6.000 até agora. Puxa, espero que o negócio não melhore mais ainda!"

Esse tipo de cobrança talvez não seja nem verbalizado. Pode estar meramente implícito em olhares ou gestos. Pode até ser totalmente involuntário. Pode ser simplesmente *sentido* pelo perdedor. Não importa. Está presente, e seu efeito é acabar com a valiosa Quinta Técnica e torná-la inutilizável. O perdedor acha impossível dizer "Eu estava errado". Em vez disso, ele é forçado a tomar uma posição: "Isso é apenas temporário, eu prometo! Espere para ver. Vou provar que estou certo no final!"

E lá se vão os dois falantes pelo ralo.

Como a vida é regida pela sorte e você nunca pode prever que ações terá de tomar, é melhor dizer o menos possível sobre o que está fazendo e pensando. Então, quando a ação é necessária, a única pessoa com quem você deve discutir é consigo mesmo. E geralmente é o suficiente.

Um psiquiatra de Nova York — um dos poucos do mundo que não recomendam que seus pacientes expressem seus sentimentos o tempo todo — conta a história de uma mulher que se comunicava demais com o filho e a filha. Ela absorvera a doutrina de comunicação ininterrupta quando eles eram crianças na década de 1960. Todos naquela época pensavam que era muito bom para os pais terem "conversas francas" frequentes com os filhos. Os professores pensavam assim, os terapeutas da escola pensavam assim, os artigos de revista o repetiam incessantemente e somente as pessoas consistentemente sortudas questionavam o princípio.

Quando a mulher se separou do pai das crianças, ela teve conversas francas com os dois sobre o episódio. Quando ela entrou para uma filial local do grupo Parents Without Partners (PWP), uma organização social e de serviços para pessoas viúvas e divorciadas, achou por bem explicar os motivos aos filhos. Quando ela começou a fazer novos amigos, contou às crianças muito mais do que elas precisavam saber — e, provavelmente, muito mais do que queriam saber. Elas talvez quisessem que a mãe se calasse e as deixasse em paz. Porém, ela estava apenas fazendo o que toda boa mãe — ou pai — deveria fazer.

O dogma da "conversa franca" era amplamente pregado nos boletins da Parents Without Partners e em sua revista nacional, *The Single Parent*, durante as décadas de 1960 e 1970. Contudo, por volta de 1980, muitos membros da organização parecem ter chegado à conclusão de que o dogma era exagerado. Alguns, de fato, concluíram que era lixo puro. "Que tipo de benefício terei ao discutir minha vida e meus sentimentos particulares com meus filhos?", escreveu uma mulher. "Na medida em que meu divórcio afeta diretamente suas vidas, eles têm direito de ouvir o que tenho a dizer. Mas, quanto aos *motivos* do divórcio, isso não é da conta deles."

Aquela mulher determinadamente calada pode muito bem ser uma mulher de sorte. Porém, a outra que falava desnecessariamente não era do tipo sortudo.

Ao contrário de muitos de seus colegas da organização, ela continuou a prática de comunicação exagerada na década de 1980. Seus filhos agora já são adultos. Ela continuou a perturbá-los com detalhes não solicitados de seus casos amorosos.

Em um desses casos ela investiu mais do que a quantidade trivial de capital emocional. Em uma das reuniões da PWP, ela conheceu um professor que se aposentou cedo. Eles se acostumaram a fazer tudo como um casal. Ela, então, começou a convidá-lo para reuniões de família tradicionais, como o jantar de Natal. Finalmente, para conveniência sexual e financeira do casal, ele sugeriu se mudar para o apartamento dela e dividir o aluguel.

Ela passava aos filhos detalhes desses preparativos. Foi um erro, pois ao fazê-lo, ela abriu mão da liberdade para agir em seu próprio interesse.

O filho achou o professor aposentado simpático, mas a filha teve uma antipatia imediata e instintiva contra o homem. Certas pistas a fizeram suspeitar de que ele estava em apuros financeiros bem sérios e entrou para a PWP, pelo menos parcialmente, com o objetivo de encontrar alguém para sustentá-lo.

"Ele nada mais é do que um aventureiro charmoso", disse a filha. Com o tempo, o irmão acabou concordando com esse ponto de vista também.

A mãe negava fervorosamente. "Se ele está atrás de dinheiro", ressaltava, "existem muitas outras mulheres em melhores situações que eu no grupo".

E era verdade. Por outro lado, a mãe tinha uma renda de classe média confortável, além de um bom pé de meia. Isso era mais do que o ex-professor parecia ter.

Não querendo deixar que os filhos pensassem que ela tinha alguma dúvida sobre esse homem em quem investira tanto, a mãe aceitou a sugestão do namorado e convidou-o para morar com ela. Sua atitude era muito mais um desafio aos filhos do que qualquer outra coisa. Ela estava disposta a mostrar aos filhos que acreditava em seu próprio julgamento.

Se ela tivesse mantido suas opiniões para si desde o princípio, não teria necessidade de mostrar nada a ninguém. Seu único adversário teria sido ela mesma. Porém, ela convidara as opiniões de outras pessoas em sua vida. Essas opiniões começaram a empurrá-la em direções que ela provavelmente não teria escolhido se tivesse sido livre.

A situação ficou pior. Por azar, o ex-professor teve um ataque cardíaco logo depois de se mudar para a casa dela. Não foi grave, o homem se recuperou rápido. No entanto, custou caro, e isso piorou sua condição financeira já precária. Ele não tinha como pagar sua parte do aluguel, nem mesmo contribuir muito para o orçamento familiar.

A mulher, por causa do emprego, tinha direito a um programa de seguro saúde da empresa que teria coberto as despesas com a doença do companheiro, caso fossem casados. No entanto, o plano não cobria despesas de parceiros que não estivessem legalmente casados. Por essa e outras razões, o ex-professor começou a falar sobre casamento.

Ela agora começava a sentir algumas das dúvidas expressas por sua filha. O homem era encantador, mas será que ele estava apenas procurando se dar bem? Com essas crescentes dúvidas, ela deveria ter parado por aí, abandonado seu investimento e desistido da aventura há muito tempo. Porém, não queria dar o braço a torcer e dizer: "Eu estava errada." (Especialmente para os filhos.) Ela se convenceu de que valia a pena continuar com ele e passou a esperar pelo melhor. Convenceu-se a ficar otimista — um estado de espírito perigoso, como vimos em outros contextos. Ela casou com o sujeito.

Foi um desastre completo. O homem não só estava falido, mas afogado em dívidas. Os credores dele agora começaram a cobrar a dívida da nova esposa. O total da dívida era superior às economias dela. O casamento sucumbiu diante da tensão. Por fim, o ex-professor fugiu com outra mulher, deixando a esposa bem mais pobre e, talvez, mais sábia.

Se ele a deixou menos falante do que a encontrou, então algo de bom pode ter emergido desta triste situação. O psiquiatra que me contou essa história, orientador de muitos membros do PWP na área de Nova York, diz que a conversa excessiva parece ser um fator que contribui para os problemas de muitas dessas pessoas marcadas com as cicatrizes da vida. Ele não discute o fenômeno em termos de sorte. O que ele diz é que os casamentos em que há mais conversas muitas vezes parecem ser os de mais curta duração. "Esses tipos de relacionamentos 'francos' e 'abertos' são voláteis", diz ele. "Tendem a explodir."

O motivo é a sorte — a invasão constante do inesperado. Assim que você percebe que a sorte sempre desempenhará um papel importante na sua vida, toma consciência de que tudo que disser poderá ser usado contra você. Uma afirmação que parece segura hoje pode se tornar perigosa diante das incertezas do amanhã. O amigo a quem você sussurra uma confidência hoje pode ser seu inimigo amanhã. Se você falar demais sobre um empreendimento este ano, talvez descubra que abriu mão da sua liberdade, quando quiser mudar de rumo no ano seguinte.

Isso não significa que você deve fazer um voto de silêncio eterno. Nós precisamos nos relacionar, afinal de contas; precisamos correr riscos; precisamos conversar com as pessoas. A mensagem da Nona Técnica é apenas que você evite falar desnecessariamente sobre seus problemas, planos e sentimentos. Quando não há boa razão para dizer algo, não diga nada.

A Décima Técnica
Saiba reconhecer uma "não lição"

EXISTEM EXPERIÊNCIAS NA VIDA que parecem ser lições, mas não são. Uma característica notável das pessoas de sorte é que elas sabem o que é supérfluo.

"Duas vezes seguidas eu tive um palpite sobre uma ação, mas não a comprei, e a porcaria da ação dobrou de preço. Aprendi a lição, com certeza! Da próxima vez em que eu tiver um palpite, vou apostar tudo nele!"

Será que é realmente uma boa lição? Não, pois pode ser potencialmente desastrosa. Tudo que o investidor realmente aprendeu é que existe boa e má sorte.

"Fui casada duas vezes, e os meus dois maridos me traíram. Nunca mais vou confiar em homem algum."

"Acabei de perceber: toda vez que jogo com Marie, eu ganho. Então, de agora em diante..."

"Parece que toda vez que peço demissão, acontece alguma coisa e a pessoa que ocupa o cargo é promovida. Ah, aprendi a lição! Vou continuar nesse emprego até conseguir uma promoção."

Todas elas são "não lições". Isso nos remete à Primeira Técnica, saber fazer distinções claras entre sorte e planejamento. Quando os resultados são provocados por eventos aleatórios que não estão sob controle de ninguém — eventos que poderíamos definir coletivamente como sorte – é preciso ter muito cuidado ao determinar que lições podem ser extraídas deles. O hábito de derivar lições falsas dos acontecimentos aleatórios na vida é uma característica das pessoas azaradas.

As "não lições" em geral são resultado de generalizações injustificadas. Um certo tipo de evento acontece algumas vezes associado com um certo tipo de pessoa, e você faz uma generalização abrangente para incluir todas as pessoas daquele tipo. Muitas feministas, por exemplo, são mulheres que, por azar, tiveram várias experiências negativas com os homens. A generalização: "Nenhum homem é confiável." Ou: "Todos os homens são essencialmente estupradores". Da mesma forma, todo homem divorciado é rancoroso em relação ao sexo oposto. "Nunca confie em uma mulher. Se ela tiver oportunidade, vai roubar-lhe até seu último centavo."

O fato de você encontrar alguém assim em sua vida pode ser fruto de má sorte. Você pode ter pior sorte ainda se sua vida foi afetada por esse tipo de pessoa mais de uma vez. Porém, se isso acontecer, é importante não extrair uma lição enganosa da experiência. Reconheça que você recebeu uma "não lição". Você não aprendeu nada a não ser que a má sorte existe.

Levar a sério esse tipo de falsa lição pode ou não causar graves danos. Nas circunstâncias erradas, pode acabar com você. Se você abrir mão de estar no fluxo rápido de eventos por causa de algumas experiências desagradáveis, talvez alcance seu objetivo de se proteger contra a má sorte; só que se protegerá contra a boa sorte também.

Outro tipo de "não lição", tão comum quanto essa, mas menos óbvia, vem da crença de que a história se repete. Quem acredita nisso pensa, como corolário, que é possível aprender lições detalhadas para enfrentar o futuro estudando o passado.

Todos os tipos de pessoas — até as inteligentes — seguem esse dogma específico. Elas gostam de citar declarações incisivas sobre o tema: "Aqueles que insistem em não aprender as lições da história estão condenados a repeti-la." Essa declaração vem sendo atribuída a vários estadistas do século XIX, que, por sua vez, podem tê-la plagiado de alguém antes disso. É engenhoso, mas será que é verdade? Infelizmente não, exceto de forma mais vaga e geral.

A história simplesmente não se repete. Por que deveria? A história é o produto do que bilhões de homens e mulheres estão fazendo, pensando e sentindo em determinado momento. Está em fluxo constante. É totalmente imprevisível. Lições? Como afirmou Henry Ford: "A história é bobagem."

Certamente ela pode ensinar enormes lições genéricas, tais como: "A guerra é um inferno." Contudo, será que ela nos ensina a ficar fora das guerras? Claro que não. Se pudesse, o mundo estaria em paz. Se fosse possível estudar história e dizer: "Ah, sim, *esta* é a maneira certa!", as nações do mundo teriam escolhido a paz há muito tempo.

Infelizmente, a história não oferece esse tipo de lição. Toda guerra começa por causa de uma combinação única de erros, má sorte, respostas ruins e outros fatores — uma combinação que nunca se repete. Estudar as guerras do passado provavelmente não será de grande ajuda para prevenir as possíveis guerras no futuro, incluindo a maior de todas, a que assombra a todos.

E o mesmo acontece em nossa vida pessoal e financeira. Certamente, há algumas lições que podem ser derivadas da experiência passada — lições muito úteis, às vezes. Em muitas ocasiões podemos julgar o comportamento futuro de um indivíduo, por exemplo, consultando o histórico: como ele se comportou em situações semelhantes no passado? Esse acúmulo de conhecimento sobre um indivíduo é a base da confiança, sem a qual a vida humana simplesmente não seria possível. Quanto mais "histórias" obtivermos sobre aqueles que desempenham papéis importantes em nossas vidas, mais confiaremos neles (ou não, conforme o caso). Essas lições históricas sobre os indivíduos não são infalíveis, mas acabam sendo certas o suficiente para serem uma parte útil e onipresente de nossas relações diárias uns com os outros.

Todavia, cuidado com as "não lições" da história. Um gerente de conta da Merrill Lynch fala de um cliente que tinha o que ele pensava ser um sistema infalível para comercializar ouro. O cliente tinha estudado registros de muitos anos e meticulosamente elaborado um histórico detalhado dos altos e baixos no preço de mercado desse importante metal. Ele cuidadosamente observou o que mais estava acontecendo no mundo financeiro nos momentos das maiores oscilações no preço do ouro. E, a partir desse exaustivo histórico, ele derivou o que chamou de "indicadores" dos movimentos de preços futuros. Logo antes de o preço de mercado do ouro registrar um ganho significativo, ele observou, o mercado acionário estava sempre em baixa, embora as ações de empresas concessionárias estivessem em alta; os rendimentos dos títulos variavam conforme determinado padrão; as vendas de imóveis residenciais estavam se recuperando de uma baixa; e assim por diante. Para ganhar dinheiro com o ouro, ele determinou que bastava esperar até que todos ou a maior parte dos indicadores atingissem seus devidos valores, e depois comprar.

A teoria, é claro, era de que a história iria se repetir.

"Ele tinha belos gráficos e tabelas", lembra o gerente da Merrill Lynch, melancolicamente. "Tinha toda a cara de que iria funcionar."

Infelizmente, não funcionou. Muitas vezes podemos prever o que uma pessoa vai fazer, mas apenas em raras circunstâncias é possível prever o que várias farão. O preço de mercado do ouro — ou de qualquer outra entidade especulativa de preços fluidos, como imóveis ou ações — é o produto final dos sentimentos, dos pensamentos e das ações de milhões de indivíduos, todos em constante fluxo de ação e reação. Os fatores que determinam esse produto final, o preço em determinado dia, são tantos e tão incrivelmente complexos que estão totalmente além da capacidade de qualquer pessoa controlar ou prever. Em outras palavras, a situação é tal que a influência dominante é a sorte; e, quando qualquer parte da história é influenciada pela sorte nessa medida, não se pode esperar que se repita de forma confiável.

O homem com o sistema de comercialização de ouro infalível não tinha percebido isso. Ele investigara a história detalhadamente, na esperança de pegar lições úteis: "Isso, isso e isso são coisas que acontecem antes de o preço do ouro subir."

O que ele conseguiu foi uma "não lição". É verdade que seus indicadores precederam uma alta no preço do ouro várias vezes no passado. No entanto, por quê? Nenhuma razão, pura sorte. A sorte aleatória tinha feito a história se repetir — ou pelo menos deu essa impressão. Havia algum bom motivo para acreditar que aconteceria de novo no futuro? Não, nenhum bom motivo.

O homem investiu muito dinheiro nas ações de algumas empresas de mineração de ouro em um momento que, segundo sua avaliação, parecia certo. Contudo, não era. Os preços das ações despencaram. Ele poderia ter escapado ileso se tivesse dominado a Quinta Técnica: escolha a sorte. Porém, ele também não contava com essa técnica para ajudá-lo. Vários anos se passaram, e ele ainda espera receber seu dinheiro de volta.

***

Como dizer se determinado resultado histórico foi causado por sorte ou por algo mais confiável, como o caráter de alguém? Uma boa maneira é perguntar se existem relações claramente visíveis de causa e efeito.

No caso do caráter de um indivíduo, o próprio caráter é o mecanismo de ligação. Uma situação ocorre a Mary Smith; ela responde de determinada maneira porque esse é seu jeito. Quando a mesma situação acontecer na semana seguinte, você poderá ter uma expectativa razoável de que a história se repetirá. Obviamente, você pode se enganar. Existe um elemento de sorte nisso, como em todos os fenômenos humanos. O caráter de Mary Smith pode mudar com o tempo, ou ela pode agir de forma contrária ao seu caráter por motivos desconhecidos em certas ocasiões, ou a leitura que fez do caráter dela pode estar equivocada. Ainda assim, esse elemento de sorte não é muito significativo. Se você fizer julgamentos e previsões com base no caráter de Mary, suas chances de acertar são toleravelmente boas.

Entretanto, no caso do sistema infalível de comercialização de ouro, não havia relações claras de causa e efeito. O sujeito apenas observou que, em algumas ocasiões no passado, parecia haver uma relação entre certos acontecimentos no setor imobiliário e o preço do ouro. Entretanto, qual era a relação? O que causava o que e como? Ele não sabia. E isso deveria ter sido suficiente para alertá-lo de que perderia dinheiro com uma "não lição".

É possível observar pessoas em cassinos estudando "não lições" semelhantes todas as noites da semana. Elas estudam certa máquina caça-níqueis ou a roleta durante semanas e semanas. Algumas até fazem anotações em caderninhos. Elas então inventam "não lições" para guiar suas apostas. Algumas dessas "não lições" são altamente complicadas, enquanto outras são a própria essência da simplicidade. Um apostador que observa a roleta pode notar, por exemplo, que sempre que um número contendo o dígito 6 sai, o número 28 aparece nas próximas rodadas. "Ahá!" diz o observador, convencido de que descobriu uma grande verdade, oculta de todos os demais jogadores. Agora, segundo ele acredita, basta esperar mais outras seis rodadas e apostar no 28. E a casa leva o dinheiro de outro otário para felicidade geral dos donos de cassinos.

Os cálculos do observador se basearam em um fragmento da história inteiramente gerado pela sorte. A convergência de 6 e 28 algumas vezes foi aleatória e acidental. Não dá para contar que esse tipo de história vai se repetir. Caso ela se repita, essa repetição não será nada além da extensão de uma maré de sorte. Porém, como vimos em nossos estudos sobre a Quarta Técnica, as marés de sorte tendem a ser mais curtas do que longas.

Venho jogando 6 e 28 na roleta e nas loterias há muitos anos; mas eu o faço unicamente com base na Sétima Técnica: sobrenaturalismo construtivo. Como mencionei antes, considero esses meus números da sorte porque representam meu aniversário, 28 de junho. Também são os dois únicos números "perfeitos" na roleta — na verdade, os únicos números perfeitos abaixo de cem.

Isso os torna números perfeitamente adoráveis. Minha atenção é sempre direcionada a eles, mesmo em situações em que não participo. Quando os vejo envolvidos em aparentes golpes de sorte, sinto uma forte tentação de inventar "não lições". "Esses dois números saem toda hora!" Essa é uma tentação à qual devemos resistir.

Vários anos atrás, quando estive em Nova Jersey em uma viagem de negócios, soube pelo jornal que o número ganhador da loteria do dia anterior tinha sido 628. Esse fato em nada contribuiu para minhas finanças, já que eu não estava no jogo, mas me deu uma injeção de ânimo. Algumas semanas mais tarde, em minha cidade natal no estado de Connecticut, fiquei surpreso ao ler que 286 fora o número vencedor da loteria estadual diária.

Será que a Senhora Sorte estava tentando me mandar algum tipo de sinal? Era tentador pensar assim. A tentação se tornou quase insuportável quando peguei o jornal da manhã do dia seguinte, fui até as páginas financeiras e estudei as movimentações da véspera na Bolsa de Valores de Nova York. Havia uma certa ação que eu vinha observando fazia vários meses. Pensei em comprá-la; finalmente decidira que as chances de sucesso não eram suficientemente atraentes, mas ainda não conseguia tirar isso da cabeça. Quando verifiquei o movimento da ação naquele dia, o primeiro número que vi foi o volume do dia de negociação: 628 lotes certos.

Que tentação! Meus números da sorte ganharam duas vezes no histórico recente. Será que poderia acontecer de novo? Será que a maré de sorte continuaria?

Eu resisti bravamente à tentação e disse não. Para ter sorte, deve-se saber que existem certas coisas com as quais não aprendemos nada. A história recente desses números não oferecia lições sobre o futuro. Não comprei as ações.

Essa foi uma inação de sorte de minha parte. Semanas mais tarde, o preço da ação caiu diante de notícias ruins sobre os rendimentos e permaneceu baixo durante vários anos.

A Décima Primeira Técnica
Aceite um universo injusto

O RABINO HAROLD KUSHNER acreditava que sempre levara uma vida essencialmente irrepreensível. Sendo humano, ele sem dúvida quebrou algumas das leis de Deus e dos homens, mas não muitas e não as mais importantes. O rabino achava que, no geral, era um homem bom. Sem dúvida, era mais santo do que a maioria. Apesar das falhas e transgressões humanas, ele certamente não merecia nenhuma punição terrível.

No entanto, foi exatamente o que aconteceu com ele. Pior, a punição não foi imposta a ele diretamente, mas ao filho, Aaron, uma criança inocente.

Quando Aaron tinha 3 anos, os médicos determinaram que ele sofria de uma doença chamada progeria, ou envelhecimento precoce. O aterrorizado rabino e a esposa foram informados de que não havia cura. Esse menininho provavelmente não passaria de um metro de altura, não teria cabelo, desenvolveria uma aparência envelhecida e encarquilhada enquanto ainda criança e provavelmente não passaria da adolescência. Os elementos desse terrível prognóstico se realizaram como esperado. E o menino morreu com a idade de 14 anos.

Tomado de tristeza e de raiva, o rabino Kushner se perguntou o porquê disso. Por que isso aconteceu com ele e sua família? Por que com uma criança? Por que acontece?

Buscando uma resposta plausível e aceitável, ele embarcou em uma longa e difícil jornada intelectual. O rabino descreveu essa jornada em seu livro de 1981: *Quando coisas ruins acontecem às pessoas boas.*

No final desse percurso, Kushner descobriu que a resposta que ele procurava era a mais simples de todas as respostas possíveis, mas a mais difícil para um homem religioso acreditar. E foi o seguinte: a aflição do filho acontecera sem motivo algum. Tinha sido só um golpe aleatório de má sorte. Apenas isso: má sorte.

Essa não era a resposta que a maioria dos sacerdotes aprende ou a que prega para seus rebanhos. E não era a resposta contida na Bíblia.

***

A Bíblia afirma não só uma, mas inúmeras vezes, que Deus reina em um mundo justo. "Lembra-te: qual o inocente que pereceu? Ou quando foram destruídos os justos?", pergunta o Livro de Jó. E, em Provérbios, o texto diz: "O mal persegue os pecadores; mas os justos são abençoados com o bem."

Infelizmente, eu acredito que nada disso é verdade. Há muito pensamento idealista na Bíblia, em minha opinião, e acho que esse é um exemplo particularmente gritante disso. Os justos sofrem com o mal, os pecadores muitas vezes vivem felizes para sempre. A Bíblia também explica isso, mas acho que todos nós, os bons, os maus e os mais ou menos, temos exatamente as mesmas chances de realizar nossos sonhos mais queridos ou contrair câncer.

É essencial que você perceba onde estou querendo chegar com essas ideias, porque não fazê-lo é uma das principais causas da má sorte. Entenderemos melhor depois. Por enquanto, apenas guarde bem a sugestão em sua mente. *O fato é que a justiça é um conceito humano. O restante do universo desconhece esse conceito por completo.*

O rabino Kushner demorou muito para chegar a essa conclusão. Ao longo de sua jornada, ele teve de examinar e rejeitar aproximadamente uma dúzia de explicações religiosas para a má sorte — que, como faziam parte de seu evangelho (não confundir com o Novo Testamento), ele sempre considerara como verdade. Todos nós ouvimos essas explicações quando crianças e quase todos acreditamos nelas durante algum tempo em nossas vidas; mas imagino que as pessoas consistentemente sortudas acabam tendendo a rejeitá-las, como fez o rabino.

Para mim, elas realmente não fazem muito sentido. As três explicações religiosas mais comuns — tão comuns que chegam a ser clichês religiosos — são as seguintes: Deus nos envia a má sorte para nos castigar por nossos pecados, nos ensinar lições de moral ou fortalecer nosso caráter.

Todas essas explicações têm como objetivo, nas palavras do rabino Kushner, "defender a honra de Deus". Seu propósito é convencer os céticos de que Deus realmente é justo, afinal de contas. O único motivo pelo qual ele parece injusto, dizem, é que somos por demais ignorantes para compreender seus grandes planos e propósitos.

No entanto, podemos nos perguntar por que uma criança de 3 anos de idade precisa ser punida com uma doença fatal. Se o menino fosse culpado de algum pecado, será que uma palmadinha não teria sido suficiente? Ou, se o pai fosse o alvo do castigo e se o pecado dele fosse grave o suficiente para merecer uma pena de morte, por que a pena foi aplicada à criança? De qualquer modo, por que nenhuma explicação foi oferecida como causa do suposto pecado? Como a punição pode ensinar alguma lição de moral sem dizer que lição deve ser aprendida no final? Qualquer pai sensível sabe que, se você vai bater em uma criança, deve garantir que ela saiba por que está apanhando. Será que Deus é menos sensível ou menos justo? Podemos nos perguntar também como a morte do menino Aaron pode ter fortalecido seu caráter. (Espero não estar sendo insensível agora!)

Milhões de sermões religiosos foram lidos de púlpitos em todo o mundo para responder a essas perguntas. Sacerdotes, padres e rabinos reagem todos da mesma forma às perguntas: "Deus é *muito* justo! Você não é capaz de compreender as razões de Deus!"

O rabino Kushner, como vimos, chegou a uma explicação mais simples e quase certamente mais verdadeira — verdadeira porque é apoiada por fatos claramente observáveis da vida humana. Na teologia do rabino, Deus pode ser justo, mas não é tão poderoso como todo mundo sempre pensou. Ou Ele não pode ou não vai controlar todos os detalhes do que acontece conosco. Nossas vidas estão repletas de eventos aleatórios. Portanto, se você contrair uma doença fatal ou ganhar uma bolada na loteria, não procure a mão de Deus nisso. Deus não o causou. Nada o causou. Simplesmente aconteceu.

O rabino Kushner pensa que Deus ainda pode estar no processo de criar ordem do caos. Nos seis dias da criação, ainda é sexta-feira à tarde. Deus talvez endireite o universo daqui a alguns bilhões de anos, e, então, a vida será ordenada e justa. Enquanto isso, temos de lidar com o que vemos a nossa volta hoje, que é o caos.

Você não precisa acreditar na teologia do rabino se não quiser. É essencialmente irrelevante para nosso estudo sobre a sorte. Os fatos observáveis da vida humana podem ser explicados da mesma forma postulando que Deus está no horário de almoço, morto ou nunca nem sequer existiu. Ou inventar sua própria teologia. Não importa o que seja, contanto que você se sinta confortável com a teoria, e desde que ela não tente escamotear os fatos.

Porque, por mais sérios e dedicados que sejamos, os fatos não vão mudar. O universo não é justo e nunca foi desde que os homens habitam nele. Aceitando essa verdade em vez de argumentar contra ela, você dá mais um passo em direção a se tornar uma pessoa consistentemente sortuda. Por outro lado, a receita para o azar é discordar dela.

Um traço comum das pessoas com falta de sorte é o desejo de autopunição por causa de sua própria falta de sorte, tornando-a, assim, pior. Essas pessoas ficam presas em uma espiral descendente, às vezes durante vida inteira. Tomei conhecimento de um exemplo incomum dessa síndrome ao estudar as histórias de vida de alguns de meus colegas de faculdade.

Eu fui para Princeton logo após a Segunda Guerra Mundial e formei-me com a turma de 1949. Nosso grupo era conhecido como "os 49", pois Princeton passou a admitir mulheres como estudantes exatamente vinte anos após nossa formatura. Estamos hoje beirando os 60 e poucos anos, depois de quase quatro décadas da vida adulta.

Sendo um grupo um tanto introspectivo, mantivemos contato de vez em quando, a fim de descobrir o que andamos pensando e fazendo. Como um dos escribas da turma e enquanto estudante da sorte, compilei os resultados dessas pesquisas e também entrevistei ex-colegas e suas esposas. Meus arquivos sobre essas pesquisas e as entrevistas são uma coleção fascinante de lições sobre como ter sorte.

Os mais de 750 membros da turma tiveram, naturalmente, experiências de vida muito diversas depois que saíram da faculdade com os diplomas debaixo do braço. Alguns ganharam notoriedade nacional: por exemplo, Paul Volcker, o presidente do Banco Central Norte-Americano (o FED) e o governador de Nova Jersey, Brendan Byrne. Outros — eu, por exemplo — vêm desfrutado da boa sorte sem que a fama a acompanhe. Todavia, um número provavelmente igual de outros da turma dos 49 foi afetado pela má sorte de uma forma ou de outra. Um pouco mais de cem deles foi vítima de uma morte muito precoce causada pela guerra, por acidente e por doenças.

Um desses últimos é o protagonista da história que quero contar. Esse homem e sua esposa — vamos chamá-los de John e Mary — se casaram em uma igreja católica no início da década de 1950. Eles não eram católicos praticantes na época. Embora não tivessem dúvidas sobre sua orientação religiosa — se você perguntasse a eles a que denominação religiosa pertenciam, a resposta seria "católica" sem hesitação — eles eram bastante casuais em sua abordagem aos rituais e às formalidades da igreja. Eles, às vezes, ignoravam a missa nas manhãs de domingo se tivessem ficado acordados até tarde em uma festa na noite anterior, e não participavam diligentemente de sacramentos como a Sagrada Comunhão. Isso preocupava Mary muito mais do que John. Ela observava com frequência que estavam perdendo algo bom de suas vidas por pura preguiça. Ele concordava, depois dava de ombros e, no domingo seguinte, ambos faltavam à missa novamente.

Apesar dessa lenta perda de compromisso com a religião, ambos acreditavam piamente que Deus administra um universo justo. Esse é um elemento do ensino religioso que toda criança católica aprende com padres e freiras em aulas de catecismo. Tudo o que acontece na vida humana é a vontade de Deus. Se você deseja ter boa sorte em determinada situação, você deve rezar, e, se Deus decidir que você mereça ser recompensado, você será. Se você for atingido pela má sorte, por outro lado, essa também é a mão de Deus em ação. Você está sendo testado, ou seu caráter está sendo fortalecido, ou está sendo punido de alguma maneira.

John e Mary tinham uma filha a quem amavam. Quando ela anunciou que achava o catecismo chato, eles não a forçaram a participar. Eles sabiam, por experiência própria, que a instrução religiosa, inspiradora quando bem ensinada, pode ser absurdamente maçante para uma criança quando ensinada mecanicamente — e isso é particularmente verdadeiro no caso da religião católica. E, assim, a filha de John e Mary cresceu católica não praticante.

Pouco depois de seu aniversário de 8 anos, no mesmo dia em que teria recebido a Primeira Comunhão se tivesse acompanhado as aulas de catecismo, ela foi sequestrada, estuprada e morta.

Foi um caso particularmente medonho de má sorte — o mal aleatório alcançando e eliminando uma vítima inocente, sem razão alguma, exceto o simples fato de ela estar ali. John e Mary, no entanto, não podiam aceitar um universo tão injusto. Na teologia que tinham aprendido desde a tenra infância, Deus estava em toda parte. Acreditando nesse ponto de vista, interpretaram a terrível morte da filha como sendo culpa deles. Deus tinha causado a morte da filha como punição por seu sacrilégio.

O azar já é difícil o suficiente de aceitar quando você o reconhece como tal. Quando você se culpa por isso, pode acabar se destruindo.

John, o menos religioso do casal antes da tragédia, reagiu de forma mais intensa. Ele tornou-se tão piamente devoto que Mary viu-se tentando puxá-lo na direção oposta. "Eu quase consegui superar a culpa depois de algum tempo", ela me disse depois, "mas no caso dele virou obsessão. Procurei convencê-lo a falar com um psiquiatra sobre o que aconteceu, mas ele não quis. John falou com o padre, mas o padre não ajudou em nada".

John ficou deprimido e rabugento. A má sorte estava virando pior sorte. Com o tempo, as coisas degringolaram ainda mais. Sua carreira como executivo de banco começou a sofrer à medida que colegas e clientes percebiam como seu estado de espírito mudara. Ele tornou-se irritável, pouco cooperativo e, às vezes, rude. Depois, um novo golpe de má sorte acertou sua vida em cheio. Por meio de uma cadeia de eventos fora de seu controle, o banco se viu em meio a um escândalo envolvendo operações ilegais com moeda estrangeira. O caso não foi apenas constrangedor para o banco, mas também terrivelmente caro. Era preciso encontrar alguém para culpar, e John era o bode expiatório. Ele tinha irritado muitos de seus colegas executivos nos últimos meses, por isso foi fácil fazer dele o alvo das acusações. Todos correram para encontrar um álibi, deixando-o exposto. Ele perdeu o emprego.

Mais uma vez John analisou a situação em termos de um universo justo. Certamente havia uma *razão* para esse novo desastre, ele acreditava. Qual poderia ser essa razão? Obviamente, Deus o estava punindo de novo.

Se você perder o emprego por causa de eventos fora de seu controle, o infeliz episódio pode até derrubá-lo, mas não precisa deixá-lo incapaz. Não precisa, isso é, desde que você entenda claramente que o que aconteceu com você é apenas um caso de má sorte. Contudo, se você automaticamente partir do pressuposto de que tudo de ruim que acontece, de alguma forma, é culpa sua, então a má sorte quase sempre se transformará em pior sorte.

Desanimado e sem esperança, John enterrou-se em casa, sentado em uma poltrona para assistir à TV pelo resto da vida. Mary não conseguiu tirá-lo da poltrona. Ele estava convencido, ela acredita, de que merecia o que lhe acontecera. Foi a vontade de Deus, então por que lutar contra ela? John comia, bebia e fumava muito, e morreu de ataque cardíaco antes dos 60 anos de idade.

O rabino Kushner conta uma história semelhante de um casal judeu que, atingido por infortúnio, concluiu que eles estavam sendo punidos por uma abordagem demasiado casual a observâncias religiosas. "A religião fez com que eles se sentissem piores", observa o rabino com tristeza.

Será que o rabino, portanto, aconselha as pessoas a evitar a religião? Claro que não. Ele diz apenas que é preciso saber reconhecer o caos ao vê-lo. O caos só é perigoso quando começa a parecer ordenado. Essa é a lição dessa Décima Primeira Técnica. Olhe a vida humana a seu redor e aceite-a do jeito que estiver: desordenada e injusta. Não evite a religião, caso ela lhe agrade. Evite apenas a antiga crença de que Deus planeja e dirige todos os eventos em sua vida.

$$***$$

Assim como é enganoso culpar-se pela má sorte, também é ilusório supor que você "merece" a boa sorte. Você pode muito bem merecê-la, mas se vai recebê-la de fato é outra questão.

A difícil, porém impactante, peça de Shakespeare *Rei Lear* ofendeu muitos críticos, incluindo Charles Lamb, principalmente porque é a história de muitas pessoas que merecem a boa fortuna, mas não conseguem tê-la. Como já foi observado anteriormente neste livro, críticos literários e professores universitários de língua inglesa odeiam reconhecer o papel da sorte em romances e peças. Na visão deles, a má sorte não é "trágica" o suficiente. Eles preferem histórias em que heróis e heroínas causam a própria destruição por meio de sua maldade ou estupidez. No entanto, tal arranjo ordenado de eventos tem pouca relação com a vida real. Na vida real, as pessoas não ganham o que merecem. Cada um tem seu quinhão.

Shakespeare evidentemente entendia isso. O infeliz Lear, sua amorosa filha Cordélia e o fiel seguidor Gloucester são todas pessoas boas, que merecem ter boa sorte. Entretanto, o que elas ganham? Gloucester fica cego, Cordélia é assassinada, Lear enlouquece e, finalmente, morre de tristeza. O que isso deveria nos ensinar? Gerações de professores de inglês vêm tentando convencer alunos céticos de que Lear e os outros são levados a esses fins trágicos por "falhas fatais" em seus próprios personagens. No entanto, essas falhas fatais estão principalmente na imaginação dos professores, pois não estão na peça. Na peça, como está escrito, a principal causa da desgraça do personagem é pura má sorte.

Nunca entre em um empreendimento pensando que ele vai dar certo porque você "merece". Essa é uma expectativa comum das pessoas sem sorte. O universo não está interessado no que você merece.

Da mesma forma, o universo não está interessado na expectativa da "minha vez", também comum entre os azarados. Isso, também, decorre do pressuposto de que o universo é justo.

"Todos os meus amigos da faculdade tiveram a sorte de conseguir ótimos empregos. Sou o único do grupo que ficou de fora. Minha vez deve estar chegando!"

"Meus dois primeiros casamentos foram horríveis. Certamente já tive minha parcela de infortúnio. A terceira vez tem de ser melhor."

Tal expectativa talvez até pudesse ser razoável se a boa e a má sorte estivessem sob controle humano. Os humanos transformariam a Administração da Sorte em uma burocracia emburrecedora, mas instintivamente tentariam fazê-la funcionar de forma justa. Os humanos são assim. Nosso senso de justiça é poderoso. O universo, entretanto, não está sob o controle humano. É indiferente ao conceito de justiça, que nos é extremamente caro, e por isso está sempre nos confundindo e enfurecendo.

Vá a um cassino a qualquer hora do dia ou da noite, e você verá o bolso dos apostadores azarados sendo inexoravelmente esvaziado pela expectativa de justiça. Se uma roleta der números ímpares três ou quatro vezes seguidas, pelo menos metade dos apostadores tenderá a pensar que algum tipo de "dívida" está se acumulando. A roleta supostamente "deve" à causa da justiça produzir um número par da próxima vez.

Infelizmente, a roleta não sabe disso. Ela não tem memória e não teria interesse algum na justiça mesmo se mantivesse o registro dos números já tirados. A probabilidade de um número par sair da próxima vez é exatamente a mesma que sempre foi: 50%-50%.

Esse paradoxo da injustiça confunde muita gente. Em qualquer situação, como ao girar a roleta várias vezes, a justiça parece estar presente durante um longo período de tempo. Se você girar a roleta mil vezes, pode esperar que números pares e ímpares apareçam cerca de quinhentas vezes cada um. Isso parece justo. É o mesmo com qualquer outra série de eventos em que existam dois ou mais resultados igualmente possíveis: jogar uma moeda, por exemplo, ou rolar um dado. Se o dado for bem balanceado e você o jogar 6 mil vezes, os seis lados aparecerão cerca de mil vezes cada.

Porém, se você tentar elaborar essa aparente imparcialidade em um sistema para apostar em jogadas individuais do dado, certamente estará fadado ao fracasso. As jogadas não estão relacionadas entre si. Cada uma é um evento separado. Não recebe nenhuma influência das jogadas anteriores nem terá efeito algum nas jogadas seguintes.

Isso é um ultraje a nosso senso humano de justiça e está sempre passando a perna nos jogadores de dados. Eles observarão que não deu 6 em nenhum dos dois dados durante um longo período de jogo. Dizem, portanto, que os dados estão "viciados". Alguma força cósmica está supostamente acumulando uma tensão no número 6 dos dados, e essa tensão vai ficar cada vez mais forte até que os dados saldem sua dívida. Muitos jogadores vão ajustar suas apostas em função dessa crença.

A ideia é totalmente enganosa. Como a roleta, os dados não têm nem memória nem senso de justiça.

Jogadores de bridge se iludem da mesma forma. "As duas últimas vezes que eu tentei um estratagema, a carta que acabou comigo estava a minha esquerda. Dessa vez, deve estar a minha direita."

Como vimos em nosso estudo sobre a Sétima Técnica, sobrenaturalismo construtivo, esse tipo de pensamento semissupersticioso pode ser útil às vezes. Em situações em que não há base racional para fazer uma escolha, ele pode salvá-lo da paralisia. Quando você precisa agir, esse pensamento pode ajudá-lo a chegar a uma decisão — mas garanta que você sabe exatamente o que está fazendo e por quê. Esteja ciente de que você está recorrendo a um recurso sobrenatural, porque é a única saída. Nunca confie no sobrenatural acreditando que é ciência ou que lhe dará uma vantagem palpável. E nunca o utilize quando uma análise racional seria perfeitamente aceitável.

No jogo do bridge, há vários tipos de pistas racionais que podem ser usadas para identificar a localização de determinada carta maldita. Essas pistas aparecem no leilão e no jogo. Elas talvez não indiquem perfeitamente quem está segurando a rainha de espadas, mas podem levar você a uma conclusão sólida, analítica: "As probabilidades são de que a carta está a minha esquerda."

Nunca confie no sobrenatural quando esse tipo de análise é possível. Somente quando não houver pista nenhuma ou quando pistas de igual peso parecem apontar em direções opostas você deve confiar seu destino a qualquer processo irracional de tomada de decisões, como qualquer noção de justiça.

"Nunca espere nada", disse um de meus colegas mais sortudos da turma dos 49, Alvaro Cruz. "Tudo pode acontecer, por mais ultrajante que pareça. E qualquer coisa pode não acontecer por mais que você ache que deva."

Cruz estava falando sobre um amigo nosso, Bob Baumer. Bob tinha servido na 15ª Força Aérea na Europa durante a Segunda

Guerra Mundial e fora derrubado duas vezes, escapando com vida por pouco em ambas. "Conheci gente que voou mais missões do que eu e terminou a guerra intacta", ele costumava dizer. "Se algum dia eu voar em uma guerra novamente, o destino não ousará fazer isso comigo uma terceira vez."

Bob voltou para a Força Aérea durante a Guerra da Coreia. Em 10 de junho de 1952, o universo injusto tornou a fazer isso com ele. Seu B-29 foi abatido durante uma missão de bombardeio, e ele foi morto.

A Décima Segunda Técnica
Aprenda a ser malabarista

Pense em alguns sortudos que você conheça; agora pense em algumas pessoas que você considera azarados. É quase certo que uma diferença bem visível se revelará: as pessoas mais sortudas são as mais ocupadas.

Gente de sorte sempre parece ter muitos empreendimentos acontecendo ao mesmo tempo. Mesmo no auge do sucesso em um empreendimento importante, tal como a própria carreira, a pessoa de sorte geralmente terá iniciativas de menor escala em andamento ou em fase de preparação ou estudo — por vezes, com desconcertante variedade. Isso representa uma forma de proteção, para o caso de o empreendimento principal ser atingido pela má sorte — o que pode acontecer de forma inesperada a qualquer momento, como todo sortudo sabe. Se o empreendimento A não vingar ou simplesmente fica estagnado e desinteressante, talvez o empreendimento B ou C dê certo de alguma maneira inesperada.

No entanto, se o indivíduo sortudo parece ocupado quando as coisas estão indo bem, ele estará ainda mais ocupado na adversidade. Sim, os sortudos têm altos e baixos como qualquer pessoa. A diferença é que, com eles, os períodos ruins nunca duram muito tempo, e muitas vezes terminam de maneira surpreendente e imprevisível. Considere a deliciosa história de Charles Darrow.

A história de Darrow é uma das lendas clássicas de sorte. Sua engenhosidade é conhecida em todo o mundo, mas seu nome poucos conhecem, e esses falam dele com carinho e reverência como o homem que tirou a sorte grande.

Darrow era um engenheiro de aquecimento de 42 anos de idade que morava em Germantown, na Pensilvânia, em 1933. Ele era basicamente um homem de sorte, mas agora estava envolvido em um episódio de azar mundial, a Grande Depressão. Fazia três anos que Darrow não tinha um emprego estável.

Como é típico dos sortudos, no entanto, ele tinha todo um conglomerado de empreendimentos em andamento. Assim, continuou a procurar trabalho em sua profissão principal, como engenheiro de aquecimento, mas isso não o mantinha ocupado por tempo suficiente. Ele abriu um negócio de reparos de eletrodomésticos, que funcionou muito bem em uma época em que as pessoas não podiam pagar por novos aparelhos. Ele também se estabeleceu como especialista no reparo de paredes e passarelas de concreto danificadas. Esse negócio, da mesma forma, fazia sentido em um momento de restrição de custos. Imaginando outras maneiras completamente diferentes de ganhar a vida, Darrow também pensou em abrir um canil de baixo custo e em prestar serviços veterinários. Ele começou visitando um veterinário local e se oferecendo para trabalhar levando cães para passear em troca de instrução.

Tudo isso era uma reação típica das pessoas de sorte à adversidade. A personalidade dos azarados procuraria apenas uma maneira de sair do buraco — a maneira mais óbvia: "Tenho de encontrar outro emprego!" Porém, a reação de Darrow tinha mais probabilidade de alcançar o sucesso. Seu pensamento era mais ou menos assim: "Seria bom encontrar outro emprego. Vou tentar. No entanto, caso eu não cruze com nenhuma maré de sorte ao longo desse percurso, é melhor procurar a sorte em algumas outras direções enquanto isso."

A pessoa azarada sabe exatamente o tipo de sorte que está buscando. Se a sorte resolver dar o ar da sua graça, ela virá somente de uma forma: um novo emprego. Charles Darrow, por outro lado, não sabia exatamente o que estava esperando. Tudo o que sabia era que quanto maior fosse o número de empreendimentos em que se envolvesse, melhores seriam as chances de ele ser afetado por alguma maré de sorte.

No final das contas, a grande chance que transformou sua vida por completo acabou por surpreender até mesmo ele.

Como milhões de outros norte-americanos de renda média na amena década de 1920, Darrow tinha investido um pouco no mercado de ações. Agora, no sombrio inverno de 1933, ele sonhava em como seria bom ser rico. Ele repassou mentalmente seus pequenos sucessos e fracassos em Wall Street. O que teria acontecido com ele se tivesse feito isso em vez daquilo? E se ele tivesse vendido as ações da General Motors quando estavam sendo negociadas acima de US$ 1.000 a ação, em vez de esperar até que caíssem para US$ 40? O que ele faria com o dinheiro hipotético, caso estivesse em suas mãos naquele momento? Investiria em imóveis, talvez. As pessoas estavam ganhando dinheiro com terrenos e prédios, mesmo durante a Grande Depressão. Darrow e a esposa divertiam-se durante as refeições falando sobre as maneiras como poderiam se tornar magnatas do setor imobiliário.

Em seguida, ocorreu a Darrow que esse tipo de jogo poderia ser interessante para outros indivíduos. Talvez, pensou ele, as pessoas desgastadas pela Depressão achassem divertido jogar alguma coisa em que poderiam se imaginar apostando muito dinheiro.

Darrow era bom com ferramentas. De vez em quando, criava quebra-cabeças e outros jogos para se divertir. Então encontrou um pedaço grande e redondo de oleado e esboçou um desenho esquemático de ruas e lotes de terreno. Ele deu às ruas nomes reais de Atlantic City, onde tinha passado férias em tempos mais prósperos. Então, ele coloriu o esquema com amostras de tinta gratuitas de uma loja local. Em seguida, arranjou de graça alguns moldes de madeira de uma serraria próxima e cortou os pedaços em formas menores que pareciam casas. E criou títulos de propriedade com restos de papelão.

No início, Darrow tinha apenas uma vaga ideia sobre quais seriam as regras do jogo, mas com o tempo ele as aprimorou. Usando um par de dados, algum dinheiro de brinquedo emprestado de um jovem e botões coloridos como peças, Darrow, a esposa e os amigos passavam as noites e os fins de semana jogando. Eles foram sofisticando o jogo à medida que jogavam: acrescentaram novas regras, introduziram novas complicações. No final desse processo, o jogo tinha algum tipo de magia. Aqueles que eram apresentados a ele logo ficavam fascinados e queriam continuar jogando a noite toda.

Darrow chamou o jogo de *Banco imobiliário*.

No começo, ele o considerou um empreendimento secundário. Surgiram encomendas de amigos e vizinhos. Ele fabricava os jogos, cobrando cerca de US$1 pelo kit. Ele tinha condições de entregar dois jogos artesanais por dia, que basicamente atendia ao nível da demanda. O jogo era divulgado apenas por meio de redes de conhecidos. Alguém comprava um jogo e convidava amigos para jogar, e os amigos, então, pediam a Darrow para fabricar um jogo para eles. Darrow vendeu cerca de cem jogos dessa forma. Estava satisfeito com o pequeno fluxo de pedidos. Nunca lhe ocorreu que o jogo poderia se transformar em algo mais do que uma pequena indústria caseira. Porém, então, a sorte entrou em ação, com resultados explosivos.

O primeiro golpe de sorte aconteceu quando o *Banco imobiliário* foi apresentado a um sujeito que era dono de uma gráfica de pequeno porte. Aconteceu por acaso. O rapaz estava visitando um amigo, que havia emprestado o jogo na noite anterior, e o tabuleiro ainda estava sobre a mesa na sala de jantar. Por causa dessa pequena desorganização familiar — o fato de não guardar o jogo na noite anterior — a história do *Banco imobiliário* e da vida de Charles Darrow mudou drasticamente. O dono da gráfica olhou para o tabuleiro, ficou intrigado e foi convidado a voltar para jogar. Depois de jogar uma vez, ficou viciado. Um jogo tão viciante, pensou ele, poderia ser vendido para muita gente.

Ele procurou Darrow e ofereceu-se para imprimir os tabuleiros, o dinheiro falso e outras parafernálias relacionadas. Darrow ficou encantado de se livrar da tarefa. O dono da gráfica também fez um pequeno anúncio e lançou uma modesta campanha promocional. Ele e Darrow aumentaram a produção para seis jogos por dia.

Em seguida, outra maré de sorte acelerou o desenvolvimento do jogo. Durante um passeio de carro pela periferia da Filadélfia, um funcionário de uma loja de departamentos da cidade teve problemas no motor e parou em um posto de gasolina para consertá-lo. Enquanto esperava, foi dar uma volta pela rua principal da cidade em que se encontrava. Em uma lojinha de artigos variados, ele viu alguns jogos do *Banco imobiliário*, que foram colocados ali em consignação pelo dono da gráfica/promotor. O sujeito de Filadélfia gostou da aparência e da ideia do jogo na mesma hora. Ele comprou um e o levou para casa. Pouco tempo depois, Darrow e o dono da gráfica receberam uma encomenda de um lote de jogos.

O *Banco imobiliário* tinha apenas alguns meses de vida, mas de repente Darrow percebeu que estava crescendo de forma descontrolada. A loja da Filadélfia vendeu toda a primeira remessa de jogos e imediatamente encomendou mais. A notícia desse novo jogo do momento se espalhou para outras grandes lojas da Filadélfia e, em seguida, para outras cidades. Os estabelecimentos começaram a encomendar quantidades enormes: cem, duzentos, trezentos jogos de cada vez. Não dava tempo de abastecer os estoques para atender à demanda sempre crescente. O dono da gráfica já não conseguia manter o ritmo de produção, e Darrow estava afogado em números e papéis relativos ao lado da expedição, do faturamento e das compras do negócio. Ele e o dono da gráfica haviam criado um monstro que ameaçava comê-los vivos.

Só havia uma saída: Darrow foi procurar a Parker Brothers.

A Parker Brothers, fundada em 1883 em Salem, Massachusetts, era a maior produtora nacional de jogos de tabuleiro. A ideia de

Darrow era licenciar o jogo para essa grande empresa com base no pagamento de algum tipo de royalty.

A Parker Brother estudou o jogo. A empresa vinha operando com lucro havia muitos anos ao seguir algumas regras básicas sobre o que funciona e o que não funciona em um bom jogo de tabuleiro. Uma regra era que o jogo deveria ser simples. Outra era que não deveria demorar mais de 45 minutos para terminar. O *Banco imobiliário* violava essas duas regras. Violava também outras. Considerando todos os aspectos, na análise da Parker, o novo jogo continha 52 "erros fundamentais". A empresa negou o pedido de Darrow.

De volta à Pensilvânia, enquanto isso, o *boom* do jogo ainda estava crescendo. O Natal de 1934 se aproximava, e as lojas clamavam por mais jogos. Darrow estava exausto e queria diminuir o ritmo de produção, mas o monstro não o deixava descansar. Ele recebeu uma encomenda de 5 mil novos tabuleiros. Todos foram vendidos para as lojas antes que saíssem da linha de montagem da gráfica, enquanto novas encomendas chegavam aos milhares.

A Parker Brothers ficou sabendo dessa frenética atividade. "Talvez", afirmou um relatório da empresa sobre o caso, "os 52 erros fundamentais não pareçam tão ruins assim". Bravamente admitindo seu equívoco, a Parker Brothers procurou Darrow, de chapéu na mão, e ofereceu-lhe o contrato com direitos autorais que ele queria.

Darrow aceitou, assinou o contrato e saiu de férias, tão cansado que talvez tenha levado alguns dias para perceber como era sortudo. Ele tinha apenas 40 e poucos anos, porém nunca mais precisaria trabalhar. Um ano antes, ele fazia parte de uma estatística de desemprego; agora, era rico e ia ficando cada vez mais. Um empreendimento menor o impelira ao sucesso instantâneo.

Certa vez, perguntei ao presidente da Parker Brothers, Edward P. Parker, quanto dinheiro Darrow ganhou ao todo com seu fabuloso empreendimento, mas Parker disse que a informação era "de natureza confidencial". Contudo, ele disse que o *Banco imobiliário* foi, sem dúvida alguma, o produto de maior sucesso que a empresa já colocara no mercado. É produzido em 15 idiomas diferentes. Cerca de 75 milhões de jogos foram vendidos desde que Darrow assinou aquele contrato de direitos autorais. Para abastecer esses jogos com dinheiro, a Parker Brothers imprimira mais de US$ 1.000.000.000.000. Ou seja, um trilhão de dólares.

O sortudo Charles Darrow era multimilionário quando faleceu em 1970, pouco antes de seu octogésimo aniversário. Um homem sortudo, de fato. Entretanto, ele teve sorte porque se colocou nessa posição.

$$***$$

Nós não temos como saber qual das atividades aparentemente pouco promissoras dará certo. O que temos condições de saber é que quanto mais atividades estiverem engatilhadas, maior será a probabilidade de que algo bom aconteça.

Charles Darrow certamente não teria adivinhado, em 1933, que a sua grande chance viria do *Banco imobiliário*. Ele poderia ter pensado que algum outro empreendimento tinha mais probabilidade de sucesso — a divisão de reparo de eletrodomésticos, por exemplo. Porém, um jogo de tabuleiro? Não parecia ser nada mais do que um empreendimento secundário — uma maneira de se ganhar um trocado enquanto se diverte. Quem teria pensado que seria essa a grande chance dele?

Mas é assim que a sorte funciona. Por sua própria natureza, não é passível de previsão. Não é possível adivinhar que forma assumirá ou onde aparecerá. Tudo que podemos fazer é o que Darrow fez: lançar o maior número de linhas possível para pegá-la.

Howard Hughes foi um homem que fez isso em uma escala maior. Parece ter sido um esforço de mudança de sorte deliberado de sua parte.

Ele começou como um zé-ninguém e terminou como uma das pessoas mais ricas do planeta, e só conseguiu porque atuou em várias frentes ao mesmo tempo.

Na escola, os colegas de turma do jovem Hughes achavam que ele era um perdedor nato. Hughes era um daqueles garotos calados, fantasmagóricos, que vivem à deriva, à margem da sociedade escolar. Eles vão para a escola, fazem seu trabalho monótono, vão para casa. Eles não deixam rastros. Anos mais tarde, desaparecem da memória. "Não, eu não me lembro dele. Tem certeza de que era da nossa turma?"

No entanto, algum tipo de fogo acendeu-se em Howard Hughes logo depois que ele deixou a escola. Dezenas de biógrafos e jornalistas tentaram encontrar a fonte desse fogo, sem sucesso. O próprio Hughes nunca ofereceu nenhuma explicação. Nem professores nem colegas de turma conseguiam explicar a mudança naquele perdedor de plantão. Porém, a explicação pode ser realmente muito simples. Hughes pode ter decidido que queria uma vida com mais sorte. Ele estava farto de ser perdedor e queria um novo começo. Isso é mais comum do que imaginamos. As pessoas mudam porque decidem que querem mudar. Sem nenhum motivo especial ou evento traumático que deflagre a mudança.

É um equívoco comum pensar que Howard Hughes herdou uma enorme riqueza do pai. Nem tanto. O pai de Hughes deixou um patrimônio avaliado em cerca de US$ 600 mil, que o jovem Howard de 18 anos teve de dividir com parentes. O principal componente do patrimônio era a Hughes Tool Company, fabricante de equipamentos de campos de petróleo. Três quartos das ações da empresa foram para as mãos do jovem Howard Hughes.

Naquele momento de sua vida, ele não era diferente de centenas de outros jovens texanos cujos pais tinham ganhado dinheiro com o petróleo. A maioria desses jovens não deu em nada. Seus nomes nos são completamente desconhecidos hoje. Contudo, Howard Hughes estava prestes a melhorar sua sorte. Ele considerou o modesto capital deixado pelo pai não como um colchão sobre o qual recostar-se e esperar a vida passar, mas como um saco de sementes que poderiam crescer — desde que alguém agisse, saísse para o mundo e as semeasse.

O perdedor, de repente, tornou-se vencedor. Normalmente, quando um menor de idade herda um bloco de controle do capital social de determinada empresa, as ações são entregues a algum tipo de *voting trust* ou outro procurador legal até que o jovem faça 21 anos de idade. Todavia, o jovem Hughes ficou impaciente e queria agir. Para surpresa de todos, ele entrou na justiça e alegou que era competente para votar com as ações (na assembleia societária). Segundo a lei do Texas, um juiz poderia conceder esse desejo se o jovem provasse que era capaz. Hughes provou.

A Hughes Tool Company na época era uma pequena e modestamente próspera empresa com um futuro promissor, mas de forma alguma garantido. Como Charles Darrow, que se recusava a colocar todas as esperanças que tinha apenas na possibilidade de encontrar um novo emprego como engenheiro, o jovem Howard Hughes decidiu que precisava de outros empreendimentos além da Hughes Tool Company. Assim, ele mergulhou de cabeça em uma desconcertante variedade de negócios: cinema, fabricação de aviões, eletrônicos, hotéis e cassinos, imóveis, uma companhia aérea. Nem todos esses empreendimentos foram bem-sucedidos. Sua empresa de aeronaves, por exemplo, nunca conseguiu produzir um avião militar vendável ou um avião de passageiros economicamente viável. Entretanto, como tinha outros empreendimentos em operação, era provável que em algum momento ele fosse agraciado com uma maré de sorte, e de fato foi.

Hughes fez filmes que são geralmente considerados de mérito artístico duvidoso, mas alguns deles, por sorte, alcançaram bons resultados de bilheteria. Por acaso — por pura boa sorte — ele ganhou uma enorme quantidade de dinheiro com ações da TWA. E assim por diante. Sua fortuna, quando Hughes morreu, foi estimada em mais de 1 bilhão de dólares.

O que teria acontecido se, em vez disso, ele tivesse colocado todas as suas esperanças na Hughes Tool Company? Houve momentos em sua vida em que a empresa esteve à beira da falência, sendo socorrida por infusões de dinheiro de outras empresas de Hughes. Sem esses outros empreendimentos, Howard Hughes poderia ter morrido falido e desconhecido.

***

A Décima Segunda Técnica está intimamente ligada com a Segunda — Encontre o caminho rápido — e a Sexta — Siga o caminho tortuoso. Tomadas em conjunto, ela podem mantê-lo ocupado.

Talvez mais ocupado do que você acha que quer estar. A vida com sorte certamente é caracterizada por um grau de confusão e agitação que, por vezes, parece frenético, especialmente para os cronicamente azarados. Como candidato à boa sorte, você se verá tentando equilibrar diferentes empreendimentos que disputam seu tempo e sua atenção. Sua vida será um turbilhão de pessoas, já que estará buscando o fluxo rápido de eventos. Em vez de lutar para alcançar um objetivo distante em linha reta, muitas vezes você será distraído por novas e inesperadas oportunidades que surgem à esquerda e à direita, e cada uma exigirá novas decisões e mais ações.

"Ela realmente é muito ocupada", dizia o segundo marido de Elizabeth Arden. "Ela me deixa tonto." Esse homem, um russo expatriado chamado Prince Michael Evlanoff, no geral, parece ter levado uma vida sem sorte até se casar com a rainha dos cosméticos, mas mesmo essa boa sorte não durou muito. Depois de dois anos, eles não aguentavam mais um ao outro e se divorciaram. Como muitas pessoas de sorte, Elizabeth Arden impressionava quem a conhecia como estando sempre ocupada demais até para seu próprio bem — e ela estava certamente muito ocupada para atender àqueles que esperavam monopolizar seu tempo.

Nós analisamos a vida dela em outro contexto. A disposição de estar ocupada foi o principal fator para sua boa sorte ao longo da vida. Depois de passar por várias carreiras, ela começou seu primeiro empreendimento: uma cadeia de salões de beleza. Porém, mesmo isso não foi suficiente para garantir sorte duradoura. Os salões começaram de forma brilhante, mas acabaram se transformando em prejuízo. Elizabeth Arden foi salva pelo fato de ter muitos outros empreendimentos na época em que o negócio dos salões começou a dar sinais de esgotamento.

Ela mesma não parece ter ficado incomodada pelas exigências de uma vida agitada. Isso é típico das pessoas de sorte. "Acho que aparento ser mais agitada do que sou de fato", afirmou a senadora Paula Hawkins, da Flórida, a um grupo de jornalistas. Alguém tinha lhe perguntado se a típica "correria" de Washington não exigia demais dela. "Eu gosto dessa 'correria'", disse ela. "Essa não é uma vida que me foi imposta; é a vida que escolhi. Eu não conseguiria viver em um ritmo menos acelerado."

A senadora Hawkins acertou em cheio. A vida de sorte tende a parecer consideravelmente mais agitada aos outros do que para quem a vive. Não fuja dela por medo de que lhe dará úlceras e pressão alta. "É comum a psicologia popular dizer que estar ocupado é ruim para você", afirma o psicólogo da Universidade de Chicago, o Dr. Gene Gendlin. "Não há base científica para essa crença. O que conta é como você se sente. Se você se sente bem, se parece certo, então vale a pena."

O Dr. Gendlin é o autor de um livro amplamente aclamado intitulado *Focusing* no qual ele explica seu método de focar ou concentrar-se no que ele chama de "sentido do corpo" de um problema ou uma série de problemas. Muitas pessoas, afirma Gendlin, têm uma variedade tão grande de preocupações que a própria diversidade faz com que seja difícil se concentrar em uma delas e resolvê-la. Em muitos casos, são pessoas potencialmente sortudas que temporariamente se deixaram dominar por uma vida agitada.

O Dr. Gendlin sugere uma maneira simples e extremamente eficaz de sair dessa situação difícil: sente-se em silêncio e faça uma lista das suas principais preocupações. Isso pode ser feito mentalmente ou por escrito, como você preferir. Não faça nenhuma tentativa de resolver os problemas. Simplesmente reconheça que eles existem e coloque-os em uma pilha, por assim dizer. "Sim, tenho esse problema de relacionamento com George e aquele outro antigo sobre minha carreira, e o mercado de ações também está me deixando nervoso."

O efeito é exatamente igual ao de fazer uma lista de tarefas antes de sair de férias. Todo mundo está familiarizado com o tipo de pânico que pode surgir antes das férias. Nos últimos dias, você se vê correndo de um lado para o outro. Toda vez que você resolve um detalhe de última hora, lembra-se de mais dois que precisam de sua atenção. Você acelera cada vez mais e vai ficando mais tonto.

Nesse estado, é provável que você faça exatamente o que mais teme: esqueça-se de algo importante. Como você pode se acalmar? Sentando-se e fazendo uma lista do que tem de ser feito.

A lista por si só não faz nada, é claro. O mérito dela é fazer você se sentir melhor. Ela lhe dá a sensação de controle sobre determinada situação que parecia perdida. Nesse estado mais tranquilo, você pode realizar as tarefas indicadas de forma confiante, ordenada.

Fazer uma lista de problemas e preocupações produz o mesmo estado de calma, a sensação de controle. Muitos sentem um alívio físico real da tensão no corpo quando dão esse simples passo. O alívio é imediato e profundo. Ao contrário de um remédio tranquilizante, esse medicamento pode ser tomado quantas vezes você desejar.

Faça uma lista de preocupações sempre que sua vida parecer agitada demais e você sentir o início de pânico. Em quase todos os casos, você verá que o pânico não surgiu porque você assumiu compromissos demais, mas sim porque permitiu que uma série de preocupações se acumulasse de forma desordenada e descontrolada. Cada uma delas parece duas vezes pior, porque existem muitas outras atormentando você ao mesmo tempo, e o efeito total é uma sensação de desespero em meio a um caos cada vez maior. Fazer a lista restaura a ordem.

As pessoas mais sortudas sempre encontram uma maneira de lidar com muitos empreendimentos e atividades ao mesmo tempo. Se você procura a boa sorte, é muito melhor estar mais ocupado do que menos.

A Décima Terceira Técnica
Encontre seu par perfeito

WILLIAM PROCTER E JAMES Gamble eram jovens imigrantes que chegaram a Cincinnati na década de 1830. Procter era inglês; Gamble, irlandês. Até que se conheceram, eles não alcançaram nada. Eram apenas duas estatísticas sem rosto na enorme e crescente lista de mão de obra na indústria. Ambos tinham empregos, em que trabalhavam sem nenhuma distinção específica.

Em seguida, eles se encontraram e suas vidas mudaram radicalmente.

Eles se conheceram quando cortejavam uma dupla de irmãs. Aconteceu por acaso, como geralmente ocorre nessas situações. Em um fim de semana, os dois rapazes visitaram as jovens na mesma hora e foram apresentados na sala de estar das irmãs. Os dois gostaram um do outro instantaneamente. Talvez cada um tenha reconhecido no outro algum traço, ou grupo de habilidades, ou pontos fortes que muitas vezes desejara encontrar em si mesmo. Cada um considerou, de qualquer maneira, que tinha encontrado a parte que faltava no quebra-cabeça de sua vida. Nenhum deles tinha ido muito longe sozinho, mas juntos, talvez eles tenham intuído na época, havia o potencial de ir longe.

Os rapazes estavam destinados a formar um par perfeito.

Em 1837, juntaram suas economias e algum dinheiro emprestado para formar um modesto capital semente. Eram US$ 7.192,24 no total. Com esse pequeno investimento, fundaram um negócio de sabonetes e velas chamado Procter & Gamble. Os jornalistas de negócios iriam sempre errar a grafia desse primeiro nome para "Proctor", mas isso não importava muito. A empresa fundada por esses dois jovens concunhados (sim, eles se casaram com as irmãs) se tornou talvez a mais bem-sucedida empresa comercializadora de artigos domésticos e produtos alimentícios de baixo custo da história do mundo industrial.

Ao longo da década de 1980, essa enorme empresa obteve mais de US$ 10 bilhões em vendas por ano. Esse montante representa mais do que o produto interno bruto da maioria dos países do mundo — incluindo a Irlanda, terra natal de James Gamble.

Isso é o que pode acontecer quando duas pessoas se reúnem para expandir seus destinos individuais. Separados: dois perdedores. Juntos: uma explosão de boa sorte.

Os resultados raramente são tão dramáticos, é claro. "Janice e eu somos duas pessoas que parecem trazer sorte uma à outra", diz Andrea, que é a cara-metade de um par perfeito de Nova York. Ambas participam dos Alcoólicos Anônimos. Como é tradicional no AA, elas não querem divulgar seus nomes completos.

As duas se conheceram por acaso em um encontro do AA há mais de vinte anos. Elas estavam passando por um período difícil. Ambas vinham bebendo muito. Janice vinha de um afluente subúrbio e recentemente passara por um divórcio doloroso. Andrea estava separada do marido, que também era alcoólatra, mas que se recusara a procurar ajuda. Quando bêbado, ele aparecia em seu apartamento no Brooklyn e gritava obscenidades pela porta até os vizinhos reclamarem, e ela se ver obrigada a deixá-lo entrar. Essas visitas incessantes a aborreciam e a deixavam fora de controle. Andrea tinha passado por vários empregos, cada um deles com remuneração e status inferiores ao anterior. "Eu estava na pior", lembra-se. "Eu desenvolvera o hábito de beber um litro por dia, e tentava sustentá-lo trabalhando como garçonete em restaurantes de quinta categoria. Fiquei me perguntando se conseguiria ganhar mais dinheiro virando prostituta. Estava à beira de um colapso."

O alcoolismo e seu controle são em grande parte questões de sorte, de acordo com o AA e outras pessoas que lidam com esses problemas. "De todas as pessoas que começam a beber, cerca de 10% acabam virando alcoólatras", afirma Loran Archer, vice-diretor do Instituto Nacional de Abuso do Álcool e Alcoolismo. "Não sabemos todas as razões, mas conhecemos algumas. A genética também contribui. Se seus pais forem alcoólatras, você terá muito mais probabilidade de se tornar alcoólatra do que alguém com os pais sóbrios." Os genes que herdamos estão, naturalmente, fora de nosso controle e, portanto, caberiam em nossa definição de sorte.

O fato de um alcoólatra vencer o problema também depende da sorte. De todos aqueles que alguma vez já compareceram a uma reunião do AA, metade abandona a empreitada dentro de três meses e nunca mais volta. Dos que permanecem durante um ano, 41% tende a conseguir ficar sem bebida até pelo menos o ano seguinte. O que diferencia aqueles que se mantêm sóbrios? Há muitos fatores, mas um dos mais importantes — talvez o mais importante de todos — seja a questão de quem mais está presente na primeira ou segunda reunião do recém-chegado.

Apoio mútuo, um membro ajudando o outro, é a base da terapia ao estilo do AA. Se você é alcoólatra e vai a uma reunião para ver se lá encontrará alguma ajuda, o que acontecerá com você dependerá quase inteiramente daqueles que você tiver a chance de conhecer ali. Se você não gostar das pessoas naquele grupo ou considerá-las solícitas ou não solícitas demais — se, por qualquer razão, nenhuma centelha de afeto for acesa — provavelmente vai se afastar para sempre, talvez para a própria condenação. Porém, se você tiver mais sorte, conhecerá pessoas simpáticas e confiáveis e, com elas, talvez encontre sua salvação.

Se você for realmente sortudo, conhecerá o par perfeito. Não é uma história incomum no grupo de AA. Aconteceu com Andrea e Janice.

"Foi em minha primeira reunião", diz Andrea. "Eu tinha acabado de perder meu enésimo emprego por chegar atrasada. Estava de ressaca e me sentindo péssima. Até pensei em suicídio. Sabia que precisava de algum tipo de ajuda, mas realmente não achei que seria o AA. Eu só fui a essa reunião por desespero. E por pura sorte, lá estava Janice. Aqueles não eram seus dia e horário regulares. Ela estava lá por acaso."

Como Procter e Gamble, elas formaram uma parceria que mudou o destino de suas vidas. Janice ajudou Andrea a sair da crise e a ficar sóbria. Uma vez sóbria, Andrea conseguiu voltar ao mercado de trabalho. Ela encontrou um emprego como secretária na Prudential Insurance Company.

Em seguida, foi a vez de Andrea ajudar Janice. Depois de ficar sóbria por vários meses, Janice teve uma recaída. Andrea a ajudou a se recuperar e depois a encontrar um emprego na empresa de seguros. Enquanto estava casada, Janice nunca trabalhara fora, e, sem a ajuda de Andrea, teria poucas chances de encontrar algum trabalho que pagasse mais do que um salário mínimo.

Depois foi a vez de Janice novamente. Por pura sorte, ela foi designada para trabalhar com um chefe que admirava suas habilidades e a impulsionou rapidamente para uma posição de supervisão. Ela puxou Andrea consigo. Logo, as duas ocupavam cargos de responsabilidade e bem remunerados.

Então, elas decidiram partir para uma *joint venture*. Reunindo suas economias e um empréstimo bancário, Andrea e Janice compraram um pequeno resort na costa de Nova Jersey. Prestando atenção especial para a sala de jantar, elas transformaram o hotel de um negócio que funcionava apenas no verão em uma atração para o ano inteiro. O hotel prosperou, e elas expandiram o empreendimento. Hoje elas são proprietárias e operam três pequenos hotéis à beira-mar, e têm uma pequena participação em um shopping center.

O negócio delas não está na escala da Procter & Gamble, mas pode ser considerado um sucesso. A história mostra o que a união consegue alcançar. Se essas duas mulheres não tivessem se unido, é difícil imaginar o que poderia ter acontecido com elas separadamente.

***

O par perfeito é mais do que apenas um amigo. Um amigo é alguém de quem você gosta e com que se diverte. Pode ser até que o sentimento de amizade seja tão profundo a ponto de merecer o nome de amor. Contudo, se essa pessoa não mudar objetivamente o curso de sua vida e a natureza de sua sorte, então "amigo" é a única palavra certa.

A maioria dos amigos são apenas amigos. Alguns podem ser amigos de longa data: amigos da época da escola ou da faculdade, seu vizinho de porta, companheiro de anos. Seu coração se aquece quando você vê essas pessoas. Todavia, em termos de sorte, elas não são diferentes de nenhuma outra pessoa de sua rede de relacionamentos. Talvez tragam alguma sorte isolada de vez em quando capaz de mudar a sua vida, mas somente alguém que mude sua sorte para valer pode ser chamada de par perfeito.

Um cônjuge não é necessariamente um par perfeito. É sentimental e agradável falar sobre o cônjuge como o par perfeito — "Eu nunca teria conseguido vencer sem ela" —, mas, na realidade objetiva, tais afirmações talvez sejam verdade apenas em um sentido limitado.

É certamente verdade que os cônjuges afetam os destinos um do outro por se tornarem ligados economicamente. Se um dos cônjuges recebe um salário alto, o outro com certeza aproveitará essa característica. Além disso, um muda a vida do outro quando o casal tem filhos. No entanto, em muitos casamentos, a influência mútua para por aí. A pessoa destinada a se tornar uma grande romancista ou a fundar uma empresa de sucesso teria conseguido de qualquer maneira, estando casada ou não.

Tais casamentos mutuamente não influentes não devem ser menosprezados. Os dois cônjuges podem se amar profundamente. O sexo pode ser ótimo; as crianças, felizes; a harmonia, intacável. Porém, falar dessas pessoas unindo seus destinos em direção a um futuro brilhante pode ser apenas uma ficção romântica. Seria uma falácia supor que todo casal feliz é um par perfeito.

Por outro lado, esses pares perfeitos de fato existem. No mundo do teatro, Alfred Lunt e Lynn Fontaine formavam um par perfeito, por exemplo. Em menor grau, Humphrey Bogart e Lauren Bacall também. Cada um tinha o destino traçado antes de se conhecerem, mas o sucesso individual parecia estar desacelerando; e o brilho, diminuindo. Se eles não tivessem se unido, ambos poderiam ter sumido na obscuridade separadamente. Formando uma parceria, eles aumentaram imensamente a soma de suas partes.

Alguns outros exemplos podem ser encontrados entre os casais que ocupam a Casa Branca. John e Jacqueline Kennedy provavelmente formaram um par perfeito. Richard e Pat Nixon não. Ronald e Nancy Reagan talvez até tenham sido, mas o casamento deles foi tão ferozmente protegido do público que muito provavelmente nunca saberemos com certeza.

***

Como você encontra seu par perfeito? Isso geralmente acontece por pura sorte, como no caso de Procter e Gamble, Andrea e Janice — para não mencionar vários outros pares perfeitos famosos, como Gilbert e Sullivan, Ginger Rogers e Fred Astaire, Samuel Johnson e James Boswell. Assim sendo, a melhor maneira de aumentar suas chances de encontrar a pessoa certa que vai mudar sua sorte é praticar a Segunda Técnica: Coloque-se no fluxo rápido de eventos.

Em alguns casos, os pares perfeitos se unem em parte porque um sai em busca do outro. A sorte sempre desempenha um papel significativo, mas o fato de as pessoas estarem realmente buscando encontrar o parceiro ideal tende a aumentar as chances de sucesso. Isso poderia acontecer com você.

Um caso clássico dessa busca é a história de Margaret Mitchell e Harold Latham. Se esses dois nunca tivessem se encontrado, provavelmente o mundo nunca teria ouvido falar de *E o vento levou*.

Um dos romances e filmes mais bem-sucedidos de todos os tempos, essa grande obra deve seu nascimento e amadurecimento a uma série de golpes de sorte, culminando com a união de Mitchell-Latham. Esse foi o maior dos acasos, o que reuniu e manteve os demais unidos. Antes que ele ocorresse, porém, a vida da autora seguiu caminhos tortuosos fora de seu controle.

Margaret Munnerlyn Mitchell, que preferia ser chamada de Peggy, queria ser médica. Ela começou a faculdade em 1918 com esse objetivo em vista. Então, foi atingida pelo primeiro golpe da sorte. Uma epidemia mundial de gripe ceifou milhões de vidas em 1919, e entre essas vidas estava a da mãe de Peggy Mitchell, em sua cidade natal, Atlanta, no estado da Geórgia. Peggy voltou para lá — temporariamente, pensou ela — para ajudar o pai a cuidar da casa.

Depois de algum tempo, ela fez uma nova tentativa de retomar seus estudos na universidade, mas sentia saudade de casa e vivia distraída, incapaz de acompanhar a competição acadêmica. Depois de quase ser reprovada em alguns cursos, ela voltou para Atlanta permanentemente.

Peggy se casou, se divorciou, casou novamente — pela segunda vez com o executivo publicitário John Marsh. Não teve filhos em nenhum dos casamentos. Para absorver uma energia incansável que parecia aumentar a cada ano, ela procurou se dedicar a atividades literárias diversas.

Peggy sempre fora uma escritora envolvente e espirituosa. Conseguiu emprego como repórter de jornal, escrevendo artigos especiais. E também tornou-se uma figura de destaque nas festas e nos encontros de jovens intelectuais e artistas de Atlanta.

Em seguida, um outro evento da sorte mudou o rumo de sua vida. Dessa vez, o evento foi um acidente de automóvel, o primeiro dos três que ela sofreria na vida.

Margaret Mitchell era propensa a acidentes desde a infância, e seria um acidente, por fim, que acabaria com sua vida. Existem muitas teorias psicanalíticas sobre propensão a acidentes. A maioria é tola demais para ser levada a sério. São como aquelas teorias sobre jogo compulsivo. Assim como o jogador compulsivo supostamente quer perder, a pessoa propensa a sofrer acidentes supostamente deseja se machucar ou morrer, para expiar algum pecado real ou imaginado. Talvez em alguns casos seja verdade. Na maioria, no entanto, a propensão para sofrer acidentes é uma forma de má sorte resultante de uma falta de atenção básica. Ela resulta na maioria das vezes da não aplicação da Oitava Técnica: Faça a análise de pior caso. A pessoa propensa a sofrer acidentes, longe de ser deprimida e de estar em busca de punição, tende a ser excessivamente otimista e despreocupada. Ela mergulha de cabeça em tudo, em vez de considerar se existe algum risco de fracasso naquele empreendimento.

Margaret Mitchell parece ter sido uma dessas pessoas. Ela sofrera pelo menos dois graves acidentes a cavalo quando menina. Agora, como uma jovem de 26 anos, um ano após o casamento com John Marsh, ela sofreu seu primeiro acidente de automóvel. Dirigindo sozinha em um dia chuvoso, ela derrapou na estrada. Feriu gravemente o tornozelo, o que acabou deixando-a presa em casa por mais de um ano. Como resultado, teve de desistir da carreira de repórter.

Então, essa jovem de vivo intelecto e inquieta energia se viu sozinha, presa em casa. Ela não tinha filhos para absorver sua atenção. Nem gostava muito das tarefas domésticas. O que podia fazer? Ela começou a escrever um romance.

Era a história de uma mulher chamada Pansy (rebatizada mais tarde de Scarlett) O'Hara, que amadurece e endurece enquanto enfrenta uma série de desafios durante a Guerra Civil norte-americana. O romance basicamente foi concluído no final de 1929 ou

1930. Era um livro enorme e intimidador, com mais de 2 mil páginas espalhadas em envelopes e pastas.

O romance ficou dentro daqueles envelopes e pastas, lentamente amarelando durante cinco ou seis anos. Mais tarde, Margaret Mitchell sustentou que nunca apresentara o original a ninguém durante todos esses anos. Alguns dizem que ela mostrou pelo menos uns poucos capítulos para certos editores, mas eles rejeitaram o romance e, após essas tentativas iniciais, ela desistiu de tentar publicálo. Se essa versão é verdadeira, os editores envolvidos naturalmente não vão querer confessar seu terrível erro de julgamento.

Seja como for, o grande romance permaneceu dormente, praticamente abandonado. Por um tempo, partes dele foram usadas para escorar um sofá — era simplesmente muito papel. Um golpe de sorte era necessário para trazê-lo à vida.

A sorte veio na pessoa do par perfeito de Margaret Mitchell, Harold Latham.

Latham era editor-chefe e vice-presidente da Macmillan Company. Em 1935, nove anos depois de Margaret Mitchell começar a escrever seu romance, ele parou em Atlanta durante uma viagem pelo Sul do país. Recentes desenvolvimentos no ramo editorial fizeram-no pensar que era chegada a hora de romances históricos ambientados no Sul dos EUA, e ele estava à procura de alguns. Quando chegou a Atlanta, ficou desapontado. Um grupo de assistentes editoriais deveria ter feito um levantamento de alguns escritores promissores da região aos quais ele seria apresentado, mas nenhum fora encontrado. Latham voltou irritado a seu quarto de hotel e fez algumas ligações. Felizmente para Margaret Mitchell, ela sempre esteve em meio ao fluxo rápido de eventos. Alguém conhecia alguém que a conhecia.

"Ela está trabalhando em alguma coisa?", Latham perguntou.

"Eu a ouvi mencionar um romance alguns anos atrás. Sei lá."

Latham conseguiu encontrar Margaret Mitchell. Ela negou a existência do suposto romance, talvez porque estivesse convencida de que não tinha valor. Ainda assim, ela e Harold Latham simpatizaram um com o outro instantaneamente.

Eles eram um par aparentemente incompatível. Latham parecia um urso grande e desajeitado com óculos de aros de aço. Margaret Mitchell era pequena, com menos de 1,50 metro de altura. Tinha um tipo de beleza que não envelhece bem. Aos 20 e poucos anos, era de uma beleza impressionante. Com mais de 30, no entanto, quando Latham a conheceu, seus olhos estavam ficando desproporcionalmente grandes para o formato do rosto. Na casa dos 40, engordou e desenvolveu uma papada.

Latham perguntou insistentemente sobre o suposto romance. Ela, enfim, admitiu que ele existia, mas disse que estava incompleto, longe de estar pronto para encarar a luz do dia. Latham desistiu. Ele voltou para o hotel para jantar, depois subiu até o quarto. Planejava ir para a cama cedo e voltar de trem na manhã seguinte para Nova York.

O telefone tocou. Era Margaret Mitchell. Ela disse que tinha mudado de ideia. Mitchell estava no lobby do hotel com o original.

Ninguém jamais ofereceu uma explicação satisfatória sobre essa súbita mudança de ideia. Uma biógrafa, Anne Edwards, diz que aconteceu porque uma amiga alfinetou Margaret Mitchell sobre a "seriedade" de sua atuação como escritora. Parece plausível. Porém, pode ser mais plausível especular que a pequena escritora tenha reconhecido a rara química que existia entre ela e Harold Latham. Ela se sentia à vontade para mostrar o romance a ele. Ele era a grande chance dela. Se ela não aproveitasse essa oportunidade, o destino talvez não oferecesse outra.

É assim que os pares perfeitos funcionam. Se seu potencial par perfeito entra em sua vida — uma pessoa com quem você estabelece uma reação rápida, forte e positiva —, não deixe ele escapar. Pelo menos mantenha vivo o novo relacionamento enquanto você o avalia e vê onde ele pode chegar, pois talvez não haja outra chance assim.

O restante da história de Margaret Mitchell é muito parecido com a história de sorte de Charles Darrow e o jogo *Banco imobiliário*. *E o vento levou* foi publicado em 30 de junho de 1936 — um livro monstruosamente grande, com mais de mil páginas, e preço de capa de US$3. Trabalhando juntos, Margaret Mitchell e Harold Latham transformaram aquele original impressionantemente volumoso em uma história coerente que prendia a atenção do leitor até o fim. O sucesso foi imediato e esmagador.

Três semanas após a publicação havia 176 mil cópias impressas. Dois meses depois, o número tinha atingido 330 mil. Um ano após a publicação, esse número era de quase 1,5 milhão, e continuava crescendo. Quando David Selznick produziu um filme baseado no romance, ele se tornou o maior sucesso de sua carreira e gloriosamente lançou ao estrelado a atriz Vivien Leigh. Tanto o romance quanto o filme ainda estão gerando dinheiro até hoje.

O par perfeito Mitchell e Latham permaneceu junto. Ele continuou tentando fazer com que ela escrevesse outro livro, mas Peggy nunca quis. Talvez achasse que não conseguiria igualar aquela obra estupendamente criativa; e é provável que estivesse certa. O segundo livro quase certamente teria sido uma decepção. Latham talvez tivesse abrigado o mesmo medo, pois não insistiu que ela escrevesse uma sequência. Eles continuaram a se corresponder, falavam-se sempre ao telefone e se encontravam de vez em quando. Em agosto de 1949, talvez meditando sobre a maravilha que acontecera com ela, Margaret Mitchell foi atropelada por um carro ao atravessar uma rua em Atlanta. Morreu alguns dias depois. Tinha 49 anos de idade.

E assim Margaret Mitchell teve sorte em alguns aspectos da vida, mas não em outros. Normalmente, a vida é assim. Na verdade, talvez seja válido dizer que a vida é sempre assim.

Como ter sorte

Coloque em prática as 13 técnicas

Se é que existe uma verdade única que uma pessoa de sorte deve conhecer acima de tudo é que a vida é desordenada e não pode ser vivida com sucesso de acordo com um plano. Por melhor e mais flexível que seja determinado plano, haverá momentos em que as turbulentas marés da vida tornarão o plano inviável. Por melhores que sejam as regras que definirmos, haverá situações em que a observância dessas regras será difícil ou simplesmente impossível.

E o mesmo se aplica às 13 técnicas da sorte. Não é razoável supor que será possível aplicar todas elas o tempo todo. A vida, inevitavelmente, colocará você em xeque, em situações em que, contra a própria vontade e opinião, você acabará violando uma regra ou outra. Não fique chateado com isso. A vida é assim.

Nunca conheci ninguém que praticasse todas as 13 técnicas o tempo todo. Uma pessoa realmente de sorte é alguém que pratica a maior parte dessas técnicas na maioria das vezes e que, quando quebra as regras, não causa consequências graves. Por outro lado, pessoas sem sorte praticam algumas das técnicas e tendem a quebrar as regras com frequência e por longos períodos.

Se você procura a boa sorte, sua meta deve ser tornar-se adepto de todas as 13 técnicas. Lembre-se delas o tempo todo. Analise-as com frequência. Contudo, não desista de si mesmo se, por vezes, não agir da maneira correta.

***

Todas as grandes religiões do mundo perceberam há séculos que a vida não pode ser vivida em linha reta. Cristãos, judeus, muçulmanos, hindus — todos têm códigos de conduta que orientam suas vidas. Os códigos são parecidos em alguns aspectos e diferentes em outros. Porém, em uma coisa eles concordam: a perfeição é praticamente impossível, considerando que somos humanos. Somente os santos a alcançam. Mesmo as seitas islâmicas menos tolerantes aceitam que os mortais tendem a se desviar de tempos em tempos. No dia do Juízo Final, os líderes religiosos garantem-nos que ninguém vai nos condenar se não conseguirmos atingir a perfeição. O que contará será nosso esforço para alcançá-la.

E o mesmo se aplica àquele que busca a boa sorte. É improvável que você consiga total domínio sobre as 13 técnicas. No entanto, se você conseguir mesmo um grau moderadamente bom de adesão, talvez fique surpreso com os resultados.

Mudar a sorte de alguém não necessariamente exige uma mudança drástica de vida. Às vezes, tudo que é necessário é a aplicação de uma única técnica que antes era ignorada.

Pode acontecer, por exemplo, com a Terceira Técnica. Procure avaliar os riscos. James Sullivan, um servidor público da cidade de Nova York, é um homem que certamente defenderá as promissoras possibilidades inerentes a essa técnica. Ele se aproximava da aposentadoria quando, por razões que nunca conseguiu explicar satisfatoriamente depois, um dia pensou que não arriscara o suficiente na vida. Ele tinha sido soldado de infantaria de combate na Segunda Guerra Mundial, mas desde então sua vida passara a ser desinteressante e não especialmente sortuda. A maior parte do dinheiro que ele já teve nas mãos fora um cheque municipal de cerca de US$ 800 em pagamentos atrasados acumulados.

Então, de repente, num dia de maio, Sullivan decidiu apostar em um cavalo. Ele e a esposa estavam fazendo compras. Quando teve a ideia, a esposa prontamente o apoiou. Eles encontraram um escritório de apostas da Offtrack Betting Corporation de Nova

York. Um funcionário teve de explicar como eram as corridas e os procedimentos para fazer as apostas, uma vez que nenhum dos dois jamais tinha entrado em uma loja de apostas desse tipo. Uma aposta com poucas chances de sucesso envolvia escolher vencedores de quatro corridas a galope na Yonkers Raceway. A aposta custou US$3. Como ensina a Terceira Técnica, se o valor a ser apostado for pequeno, vá em frente e arrisque.

Sullivan escolheu seus vencedores usando números aleatórios. O número que usou foram os últimos quatro dígitos de seu número de série do Exército, 5683. Como ele explicou mais tarde em uma coletiva de imprensa da OTB, esse era um sistema para escolher cavalos tão bom quanto qualquer outro para ele. Sullivan não sabia nada sobre cavalos — na verdade, nunca tinha ido a uma pista de corrida antes.

Sullivan ganhou US$ 128.488,00. Sortudo? É claro. Entretanto, antes que pudesse aproveitar a sorte, ele teve de assumir o risco.

A Segunda Técnica, buscar estar sempre no fluxo rápido de eventos, também pode produzir resultados rápidos e surpreendentes desse tipo. Se você andou escondido e de repente decide se lançar no fluxo rápido de eventos, sua vida pode explodir com eventos casuais.

Ou considere as possibilidades inerentes à Décima Segunda Técnica: Aprender a ser malabarista. Até agora, talvez você tenha confiado apenas em uma ou em algumas poucas e limitadas atividades para lhe trazer sorte. Quem sabe o que pode acontecer se você duplicar sua gama de interesses no trabalho e no lazer?

***

Uma boa maneira de começar a melhorar a sorte é se perguntar qual das técnicas é a que mais notadamente falta em sua filosofia de vida. Se você se considera menos sortudo do que gostaria — provavelmente é por isso que está lendo este livro — dedique algum tempo para analisar sua vida. O que você deixou de fazer ou não fez direito?

Quase todo mundo pode identificar algum erro ou falha que se destaca — mesmo aqueles que se consideram geralmente sortudos. Pergunte a si mesmo qual foi seu principal problema com a sorte. Você já deixou que marés de sorte passassem por causa de uma falta de disposição de seguir o caminho tortuoso? Você já se viu preso a empreendimentos estagnados por não saber como selecionar a sorte? Já deixou escapar um potencial par perfeito? Percorra a lista de técnicas e tente identificar as que você mais precisa trabalhar. Em seguida, concentre sua atenção nelas.

Um bom exercício que você pode prescrever para si mesmo ao longo do próximo ano — uma tarefa que não apenas é útil como também agradável — é ler ou reler alguns dos grandes romances e peças do mundo tendo em mente as 13 técnicas. Preste especial atenção às histórias com desfechos infelizes. Qual técnica ou técnicas poderiam ter produzido um resultado mais feliz, com mais sorte?

Esse é um exercício que nunca foi ensinado nas aulas de literatura nas escolas ou faculdades. O que você aprendeu em cursos, como vimos anteriormente, era procurar "falhas trágicas". A tragédia, como ensinado na escola e na faculdade, supostamente não tem nenhuma relação com a má sorte. Todavia, agora você tem uma oportunidade de revisitar suas histórias favoritas e analisá-las de uma maneira nova. Procure ver a sorte em ação, tanto a boa quanto a má. Você vai descobrir que muitos personagens de fato têm uma espécie de falha trágica, mas não exatamente como a professora de literatura ensinou. A desgraça que se abate sobre determinado personagem muitas vezes é má sorte provocada por uma persistente incapacidade de aplicar uma ou duas das 13 técnicas.

Dombey e filho é o meu romance favorito de Charles Dickens, por exemplo. É escrito em um tom menor, mas evita o sentimentalismo excessivo — o que é incomum em Dickens. É provavelmente o melhor romance feminista já escrito.

Trata-se da história de um homem, Dombey, que não aplica a Sexta e Décima Terceira Técnicas: não segue o caminho tortuoso e afasta seu par perfeito. Dombey dirige um negócio moderadamente próspero de importação e sonha com o dia em que seu filho se juntará a ele no comando da empresa. Quando o rapaz adoece e morre, Dombey fica arrasado. Ele nunca se dá conta de que a filha, Florence, uma jovem amorosa e extremamente capaz, poderia ser o "filho" da empresa tão bem quanto o rapaz — na verdade, ela é em todos os aspectos a mais qualificada dos dois.

Dombey permite que a má sorte vire pior sorte. Atingido pelo azar da morte de seu filho, ele poderia ter conseguido vencer se tivesse descartado o plano original e permanecido alerta para identificar novas oportunidades. Em vez disso, continuou obcecado pelo plano original de passar o bastão da empresa para o filho morto. A empresa aos poucos sucumbe por negligência. A Florence, o par perfeito que poderia ter resolvido todos os problemas de Dombey, nunca é dada a oportunidade de tentar.

Outra grande história com uma excelente ilustração do funcionamento da sorte é *Point of No Return*, de John P. Marquand. Trata da Quarta Técnica, saber a hora de parar.

O herói do romance é Charles Gray, um jovem que luta para subir na hierarquia executiva em um banco. Boa parte da história é um flashback das memórias que ele tem do pai, John, cuja falha trágica era sua incapacidade ou falta de disposição em aplicar a Quarta Técnica. John, um sonhador ineficaz, ganhou uma modesta herança em meados da década de 1920 e transformou-a em US$ 350 mil com a alta das ações na Bolsa de Valores desse período. Seu filho insistiu que ele sacasse pelo menos parte dos ganhos do mercado antes que a onda de sorte acabasse, mas John sempre adiava o projeto. Quando a sorte de fato acabou em meados de 1929, John perdeu tudo. E se suicidou.

Lembrando-se desse trágico evento, Charles pensa muito a respeito da sorte — especialmente sobre a dificuldade de saber parar antes que a sorte alcance o pico. Ele conclui que a regra mais importante na condução de sua vida será o que ele chama de "saber quando parar".

Porém, de todas as técnicas, a que mais se destaca em obras de ficção, em particular as trágicas, é a Quinta. Essa, você deve se lembrar, é a técnica de escolher a sorte — cair fora de empreendimentos desastrosos antes que seja tarde demais. Milhares de peças, romances, filmes e seriados de TV se desenrolam em torno de um personagem que não consegue aplicar essa técnica. O resultado dessa falha pode ser ficar eternamente preso na armadilha da má sorte. Esse resultado triste, é claro, é rico em possibilidades dramáticas — e é por isso que os autores e dramaturgos gostam tanto dele.

Nós já falamos de Anna Karenina antes. Logo no início de seu longo caso com o conde Vronsky, Anna vê que não vai dar certo, mas ela não está disposta a abandonar tudo que investiu nele; e quanto mais ela insiste em ficar, maior o investimento. Anna finalmente precisa fugir jogando-se sob as rodas de um trem. Emma, a heroína de *Madame Bovary,* de Flaubert, deixa-se prender em uma situação semelhante de má sorte e, finalmente, precisa buscar a mesma fuga. Para conhecer a história de um homem preso em uma relação de amor que ele poderia ter abandonado facilmente quando começou a dar errado, leia *No caminho de Swann,* o primeiro volume da obra-prima de Proust, *Em busca do tempo perdido.*

A ficção também está repleta de situações em que a má sorte não pode ser descartada tão facilmente. *E o vento levou* é um bom exemplo. Scarlett O'Hara poderia ter evitado todos os seus problemas afastando-se da falta de sorte, quando a situação se apresentou a ela pela primeira vez. Scarlett poderia ter vendido a fazenda da família por um preço baixo, aceitado o prejuízo, pego o dinheiro e ido buscar melhor sorte em outras paragens. Mas isso, claro, não teria sido tão fácil quanto parece. Esse muitas vezes é o dilema da Quinta Técnica.

Ler tais histórias é instrutivo para quem busca a boa sorte, pois podemos nos perguntar: "Como eu poderia ter evitado a má sorte nessa situação?" Se eu estivesse em Tara quando a aventura de Scarlett começou e se ela tivesse pedido meu conselho, eu teria dito: "Venda rápido". No entanto, outras pessoas poderiam achar que o investimento material e emocional de Scarlett em Tara era grande demais para abandonar em troca de um futuro desconhecido. O caso ilustra como é mais fácil chegar a algumas decisões de sorte do que outras. Ao testar suas próprias reações a essa situação na ficção, você pode se preparar para um possível momento futuro, quando será obrigado a lidar com um dilema semelhante na vida real.

***

Finalmente, a ficção vai ajudá-lo a pensar sobre o tipo de sorte sobre a qual não temos influência alguma.

Por mais que você coloque em prática as 13 técnicas, ainda assim poderá ser derrubado por um câncer, ser vítima de bala perdida ou virar churrasquinho por conta de uma bomba nuclear.

Por outro lado, se você não pratica nenhuma das técnicas e tem levado uma vida azarada até agora, talvez ainda seja inesperadamente atingido pela força da boa fortuna. Como os cidadãos de Spring Hill, no estado do Tennessee. Eles estavam em casa, levando sua vidinha sem incomodar ninguém, quando de repente a General Motors anunciou, em 1985, que iria construir sua nova e gigante fábrica de automóveis Saturn lá. Os sortudos cidadãos viram-se sentados em uma mina de ouro imobiliária. O valor de mercado de algumas casas e alguns lotes de terra triplicou em poucas semanas.

Legal? Sim.

O que você pode fazer a respeito? Nada.

A sorte existe, quer a convidemos ou não. A boa e a má sorte estão sempre entrando em nossas vidas, deixando algumas pessoas felizes, outras tristes e outras mortas. O mundo da ficção está repleto de personagens que são mutilados ou mortos pela doença, como o filho de Dombey — ou que, inversamente, são agraciados com boa fortuna súbita, sem fazer nenhum esforço próprio para melhorar a sorte. Os críticos queixam-se frequentemente de que tais eventos de sorte e azar são resultado da preguiça do autor. É verdade que é mais fácil manipular personagens por pura sorte do que construir enredos elaborados em que o destino de cada um resulta de ações humanas intencionais. Porém, será que esses desfechos dominados pela sorte são inacreditáveis ou falsos na vida real? Será que é verossímil ler sobre a morte do filho de Dombey sem uma boa razão? Claro que sim. A vida real é exatamente assim.

Certamente sua própria vida já foi influenciada pela sorte antes que você escolhesse este livro, e a sorte teria continuado a influenciá-lo, não importa o que você possa ter lido ou pensado. Contudo, agora você tem as 13 técnicas a seu comando. Sua relação com a sorte a partir de agora será diferente.

Não existem garantias, como vimos. O que você tem é uma vantagem.

Boa sorte!

Este livro foi composto na tipografia Arno Pro, em corpo 11,5/15 e impresso em papel off-white 80g/m² no Sistema Digital Instant Duplex da Divisão Gráfica da Distribuidora Record.